세 마리 토끼 잡는 쓰기

맞춤법+받아쓰기 1

NE 능률

이 책을 쓴 분들

이자원(기획 편집자, 〈주니어 플라톤〉 개발, 〈세 마리 토끼 잡는 초등 어휘〉, 〈세 마리 토끼 잡는 초등 독해력〉,
〈세 마리 토끼 잡는 초등 한국사〉, 〈세 마리 토끼 잡는 급수 한자〉 기획 개발)

박수희(기획 편집자, 〈2015개정 교육과정 중학교 한문 교과서〉, 〈중학교 한문 교사용 지도서〉 개발, 〈중학교 한문 평가문제집〉,
〈세 마리 토끼 잡는 초등 한국사〉, 〈세 마리 토끼 잡는 급수 한자〉 기획 개발)

김자호(기획 편집자, 〈주니어 플라톤〉, 〈웅진 스마트올〉, 〈세 마리 토끼 잡는 급수 한자〉 개발, 〈말씨생각씨〉 기획 개발)

유은혜(기획 편집자, 〈장원 한자〉, 〈2009개정 교육과정 한문 교과서〉, 〈세 마리 토끼 잡는 급수 한자〉 개발,
〈해법 한자〉 연재, 전 목동메가스터디 한문 강사)

이 책을 감수한 분들

김성혁(가인초등학교 교사, 〈인터렉티브한 쌍방향 온라인 수업 강의〉 공저)

장원일(신목초등학교 교사, 〈인터렉티브한 쌍방향 온라인 수업 강의〉 공저)

김성희(청대초등학교 교사, 〈EBS 방학생활〉 집필)

임도혁(청봉초등학교 교사)

세 마리 토끼잡는 쓰기 맞춤법+받아쓰기 1

1판 1쇄 2021년 10월 15일
총괄 김진홍 | **기획 및 편집** 이보영, 이자원, 박수희 | **펴낸이** 주민홍 | **펴낸곳** ㈜NE능률 | **디자인** 장현순 | **그림** 우지현, 윤유리, 김석류 | **영업** 한기영, 박인규, 이경구, 정철교, 김남준 | **마케팅** 박혜선, 고유진, 남경진 | **주소** 서울특별시 마포구 월드컵북로 396(상암동) 누리꿈스퀘어 비즈니스타워 10층 (우편번호 03925) | **전화** (02)2014-7114 | **팩스** (02)3142-0356 | **홈페이지** www.nebooks.co.kr | **ISBN** 979-11-253-3716-4

제조년월 2021년 10월 제조사명 ㈜NE능률 제조국 대한민국 사용연령 7~9세

맞춤법과 받아쓰기, 바른 글씨를 세토 쓰기로 준비하세요!

초등학생 자녀를 둔 대다수 학부모는 맞춤법과 받아쓰기, 바른 글씨는 저절로 나아질 것으로 생각합니다. 나아지는 경우도 많지만, 연습이 부족하면 습관으로 남게 됩니다. 그러므로 **맞춤법을 배우고, 받아쓰기와 바른 글씨 연습은 꼭 필요합니다.**

글자를 처음 쓸 때는 입으로 소리를 내고 글자를 하나씩 씁니다. 우리나라 맞춤법 규정에는 소리와 글자가 다른 것이 있기에 소리 나는 대로 글자를 쓰면 틀릴 수 있습니다. 그러므로 **우리말을 제대로 읽고 쓰기 위해서는 맞춤법을 아는 것이 중요합니다.** 다만, 이제 막 국어를 배우기 시작하는 아이들에게 어려운 맞춤법을 알려주기보다 소리와 표기가 다른 사례를 보여주는 것이 효과적입니다.

소리와 표기가 다른 맞춤법을 확인하는 좋은 방법은 바로 받아쓰기입니다. 누군가 읽어주는 자연스러운 단어와 문장을 받아쓰면서 맞춤법을 활용할 수 있기 때문입니다. **받아쓰기는 소리와 표기가 다른 맞춤법 외에도 띄어쓰기를 자연스럽게 배울 수 있는 훌륭한 도구**입니다. 초등학교 입학 전이나 저학년 때 맞춤법과 받아쓰기를 연습하면 학교생활에 자신감을 가질 수 있습니다.

학교에 가면 직접 손으로 글을 씁니다. 내용도 중요하지만 다른 사람이 내가 쓴 글을 읽을 수 있게 **바른 글씨 역시 중요합니다.** 어릴 때는 손에 힘이 없어서 글자를 갈겨쓸 수 있지만 이것도 하나의 습관이므로 어렸을 때 바로잡는 것이 중요합니다. 간단한 낱말부터 문장까지, 꾸준히 연습하면 누구나 알아볼 수 있는 바른 글씨를 가질 수 있을 것입니다.

〈세 마리 토끼 잡는 쓰기〉는 '맞춤법+받아쓰기' 2권, '바른 글씨' 1권으로 구성되어 있습니다. '맞춤법+받아쓰기'에는 꼭 알아야 할 맞춤법 지식과 여러 번 연습할 수 있는 받아쓰기가 들어 있습니다. 맞춤법은 지루하지 않게 공부할 수 있도록 **재미있는 문장과 삽화를 넣었고** 받아쓰기도 아이 혼자서 할 수 있게 QR코드를 통해 받아쓰기 음원을 들을 수 있습니다. '바른 글씨'에는 한글부터 학교에서 사용하는 숫자, 영어, 기호 등을 모두 담았습니다. 특히 **일상생활과 학교에서 사용하는 어휘를 주제별, 과목별로 묶어 학교 공부에 도움이 되도록 구성했습니다.** 저희 교재를 통해 맞춤법은 제대로 알고 받아쓰기에는 자신감이 넘치며, 누구나 알아볼 수 있는 바른 글씨를 쓰는 듬직한 학생으로 자랄 수 있을 것입니다.

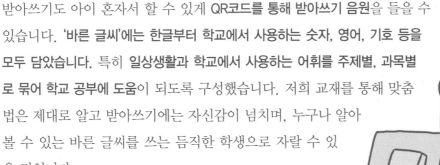

재미있는 그림과 친절한 설명을 통해
맞춤법 원리를 알아봅니다.

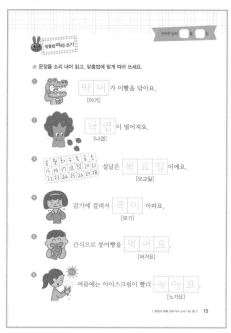

문장을 소리 내어 읽으면서 맞춤법에
맞게 따라 써 봅니다.

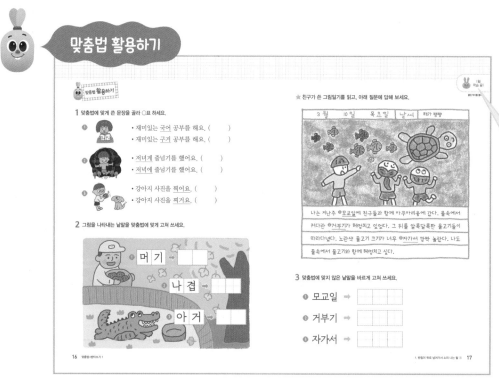

❶ 맞춤법에 맞는 문장 고르기와 고쳐 쓰기, 선 잇기 등 다양한 문제를 통해 맞춤법을 연습합니다.

❷ 일기, 독서 감상문, 편지 등 아이들이 직접 쓴 글 안에서 맞춤법이 틀린 표현을 찾고 고쳐 써 봅니다.

맞춤법+받아쓰기 평가

내용 듣기
QR 코드를 찍어 내용을 듣고 받아쓰기를 평가해 봅니다.

띄어쓰기 더하기
맞춤법과 받아쓰기를 할 때 알아야 할 띄어쓰기 상식을 읽어 봅니다.

앞에서 배운 내용을 정리하고, 낱말과 문장 받아쓰기를 통해 맞춤법 실력을 확인합니다.

받아쓰기 15회를 끝내면 받아쓰기 왕 상장을 받을 수 있어요!

받아쓰기 연습을 통해 이 책에서 공부한 맞춤법을 종합적으로 확인하며 학습을 마무리합니다.

| 목차 |

4. 된소리가 나는 말

5. 뜻에 맞게 구별해서 써야 하는 말

준비 학습 1. 자음과 모음

맞춤법은 한글을 바르게 표기하는 규칙이에요. 맞춤법을 배우기 전에 한글을 알아볼까요? 한글은 자음과 모음 24개로 이루어져 있어요. 자음과 모음의 이름과 읽는 방법, 쓰는 순서를 먼저 익히면서 맞춤법 공부를 시작해 봐요.

⭐ 자음 14자의 이름을 소리 내어 읽고, 쓰는 순서를 확인해 보세요.

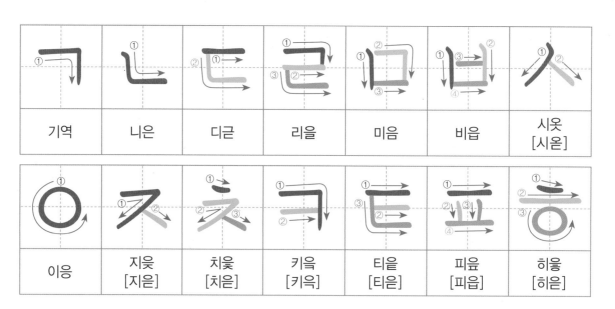

기역	니은	디귿	리을	미음	비읍	시옷 [시옫]

이응	지읒 [지읃]	치읓 [치읃]	키읔 [키윽]	티읕 [티읃]	피읖 [피읍]	히읗 [히읃]

⭐ 모음 10자의 이름을 소리 내어 읽고, 쓰는 순서를 확인해 보세요.

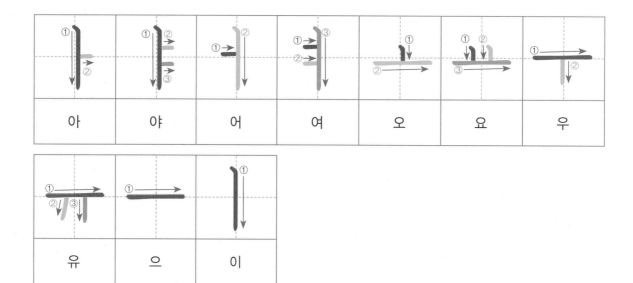

아	야	어	여	오	요	우

유	으	이

쌍자음은 같은 자음 두 개를 붙여서 만든 글자로, 'ㄱ, ㄷ, ㅂ, ㅅ, ㅈ'을 각각 두 개씩 붙여서 만들어요. 또, 모음에는 여러 개의 선으로 구성된 복잡한 모양의 모음이 있어요. 쌍자음 5개와 복잡한 모음 11개의 이름, 쓰는 순서를 알아볼까요?

⭐ 쌍자음 5자의 이름을 소리 내어 읽고, 쓰는 순서를 확인해 보세요.

쌍기역	쌍디귿	쌍비읍	쌍시옷 [쌍시옫]	쌍지읒 [쌍지읃]

⭐ 복잡한 모음 11자의 이름을 소리 내어 읽고, 쓰는 순서를 확인해 보세요.

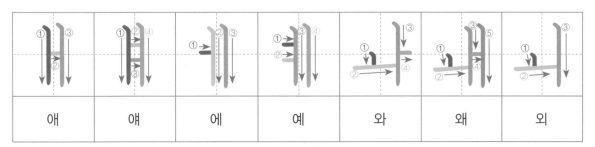

애	얘	에	예	와	왜	외

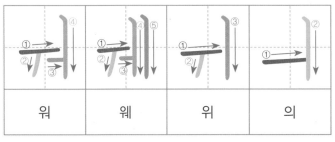

워	웨	위	의

자음과 모음을
익혔다면
맞춤법 공부
준비 완료!

문장 부호는 문장이나 글의 뜻을 이해하기 쉽게 해 주는 여러 가지 부호예요. 문장 부호의 이름과 쓰임을 알아야 다른 사람에게 하고 싶은 말을 글로 전할 때 오해 없이 의미를 잘 전달할 수 있어요. 그럼 문장 부호를 알아볼까요?

문장 부호	이름	쓰임
.	마침표	문장의 끝에 씁니다.
,	쉼표	문장의 중간에서 낱말을 나열하거나 문장과 문장을 연결할 때, 부르거나 대답하는 말 뒤에 씁니다.
!	느낌표	느낌을 나타내는 문장의 끝에 씁니다.
?	물음표	묻는 문장의 끝에 씁니다.
" "	큰따옴표	대화를 표시하는 부분에 씁니다.
' '	작은따옴표	생각이나 속마음을 나타낼 때나 중요한 부분을 강조하고 싶을 때 씁니다.

★ 여러 가지 문장 부호를 쓰는 위치를 알아보고, 바르게 따라 써 보세요.

문장 부호 쓰는 곳   예시 문장 따라 쓰기

.　➡　반 갑 습 니 다 .

,　➡　사 과 , 배

!　➡　깜 짝 이 야 !

?　➡　밥 먹 었 어 ?

" "　➡　" 안 녕 ! "

' '　➡　' 배 고 파 . '

받침이 뒤로 넘어가서 소리 나는 말 ①

받침이 있는 말 뒤에 모음이 오면 받침이 뒤로 넘어가서 소리가 나요.
하지만 쓸 때는 받침을 그대로 살려서 써야 한답니다.

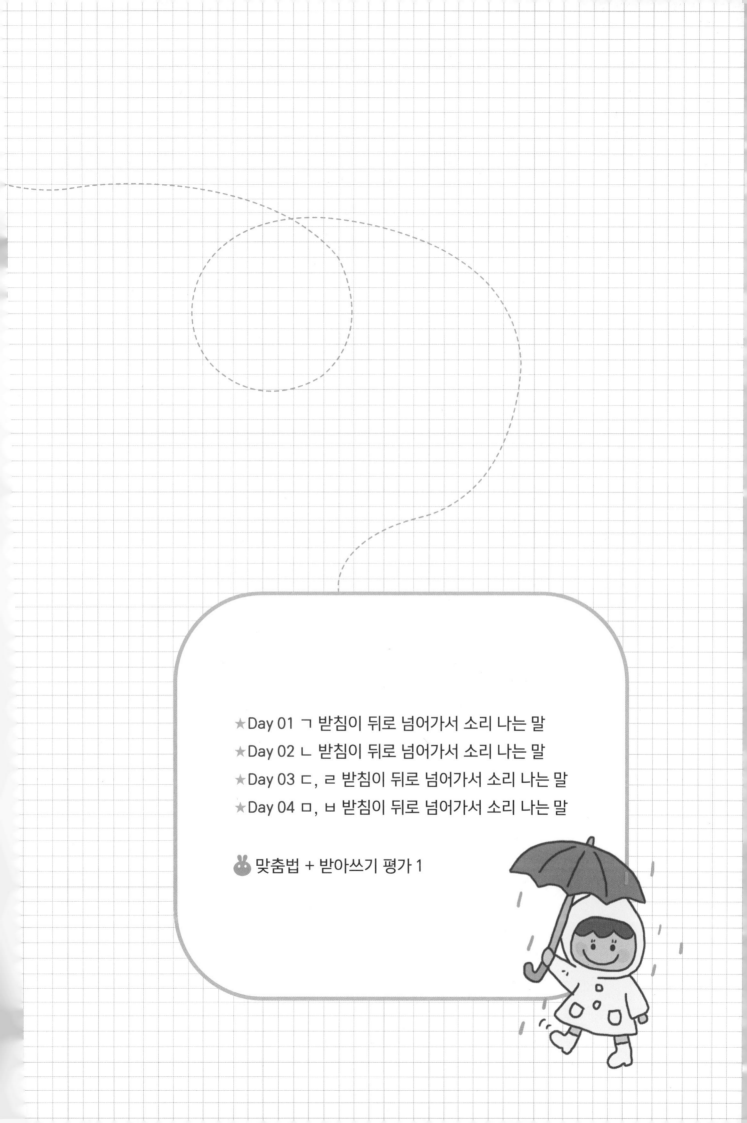

ㄱ 받침이 뒤로 넘어가서 소리 나는 말

맞춤법 알아보기

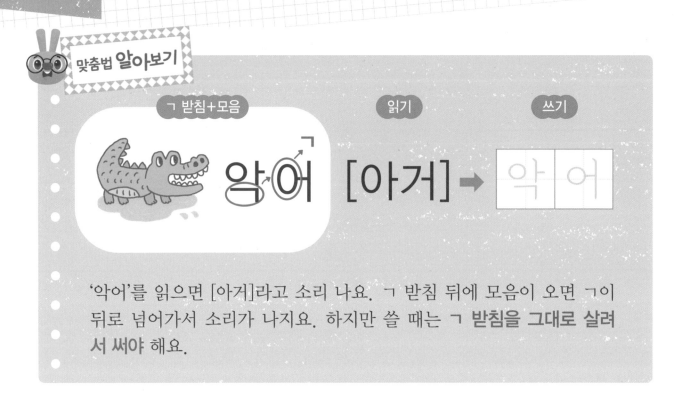

ㄱ 받침+모음   읽기   쓰기

악어 [아거] ➡ 악 어

'악어'를 읽으면 [아거]라고 소리 나요. ㄱ 받침 뒤에 모음이 오면 ㄱ이 뒤로 넘어가서 소리가 나지요. 하지만 쓸 때는 ㄱ 받침을 그대로 살려서 써야 해요.

⭐ 낱말을 소리 내어 읽고, 맞춤법에 맞게 따라 쓰세요.

① 낙엽 [나겹] ➡ 낙 엽

② 국어 [구거] ➡ 국 어

③ 목욕 [모곡] ➡ 목 욕

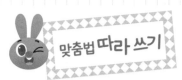 맞춤법 따라 쓰기

★ 문장을 소리 내어 읽고, 맞춤법에 맞게 따라 쓰세요.

①  악 어 가 이빨을 닦아요.
[아거]

②  낙 엽 이 떨어져요.
[나겹]

③  설날은 목 요 일 이에요.
[모교일]

④  감기에 걸려서 목 이 아파요.
[모기]

⑤  간식으로 붕어빵을 먹 어 요 .
[머거요]

⑥  여름에는 아이스크림이 빨리 녹 아 요 .
[노가요]

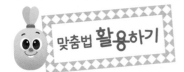
1 맞춤법에 맞게 쓴 문장을 골라 ○표 하세요.

① • 재미있는 <u>국어</u> 공부를 해요. (　　　)
  • 재미있는 <u>구거</u> 공부를 해요. (　　　)

② • <u>저녀게</u> 줄넘기를 했어요. (　　　)
  • <u>저녁에</u> 줄넘기를 했어요. (　　　)

③ • 강아지 사진을 <u>찍어요</u>. (　　　)
  • 강아지 사진을 <u>찌거요</u>. (　　　)

2 그림을 나타내는 낱말을 맞춤법에 맞게 고쳐 쓰세요.

① 머 기 ⇨ ☐ ☐ ☐

② 나 겹 ⇨ ☐ ☐ ☐

③ 아 거 ⇨ ☐ ☐ ☐

⭐ 친구가 쓴 그림일기를 읽고, 아래 질문에 답해 보세요.

| 3 월 | 10 일 | 목요일 | 날씨 | 해가 쨍쨍 |

나는 지난주 ❶모교일에 친구들과 함께 아쿠아리움에 갔다. 물속에서

커다란 ❷거부기가 헤엄치고 있었다. 그 뒤를 알록달록한 물고기들이

따라다녔다. 노란색 물고기 크기가 너무 ❸자가서 깜짝 놀랐다. 나도

물속에서 물고기와 함께 헤엄치고 싶다.

3 맞춤법에 맞지 않은 낱말을 바르게 고쳐 쓰세요.

❶ 모교일 ➡ | | | |

❷ 거부기 ➡ | | | |

❸ 자가서 ➡ | | | |

ㄴ 받침이 뒤로 넘어가서 소리 나는 말

맞춤법 알아보기

| ㄴ 받침+모음 | 읽기 | 쓰기 |

문어   [무너] ➔ 문 어

'문어'를 읽으면 [무너]라고 소리 나요. ㄴ 받침 뒤에 모음이 오면 ㄴ이 뒤로 넘어가서 소리가 나지요. 하지만 쓸 때는 ㄴ 받침을 그대로 살려서 써야 해요.

★ 낱말을 소리 내어 읽고, 맞춤법에 맞게 따라 쓰세요.

❶ 인어   [이너] ➔ 인 어

❷ 군인   [구닌] ➔ 군 인

❸ 어린이   [어리니] ➔ 어 린 이

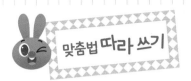 맞춤법 **따라 쓰기**

⭐ **문장을 소리 내어 읽고, 맞춤법에 맞게 따라 쓰세요.**

①
| 문 | 어 |
가 피아노를 쳐요.
[무너]

② 길에서
| 돈 | 을 |
주웠어요.
[도늘]

③
고양이가 장화를
| 신 | 어 | 요 |
.
[시너요]

④
| 군 | 인 |
아저씨가 인사를 해요.
[구닌]

⑤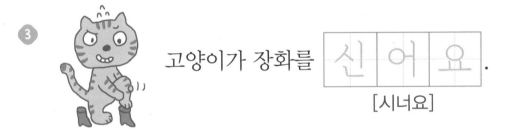
내 꿈은
| 연 | 예 | 인 |
이 되는 거예요.
[여:녜인]

⑥
바닷가에서
| 인 | 어 |
공주를 만났어요.
[이너]

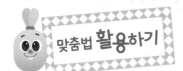
맞춤법 활용하기

1 맞춤법에 맞게 쓴 문장을 골라 ○표 하세요.

❶
- 기린은 목이 길어요. (　　　)
- 기리는 목이 길어요. (　　　)

❷
- 친구들과 공워네 가요. (　　　)
- 친구들과 공원에 가요. (　　　)

❸
- 용돈으로 떡볶이를 사 먹어요. (　　　)
- 용도느로 떡볶이를 사 먹어요. (　　　)

2 밑줄 친 낱말을 맞춤법에 맞게 고쳐 쓰세요.

❶
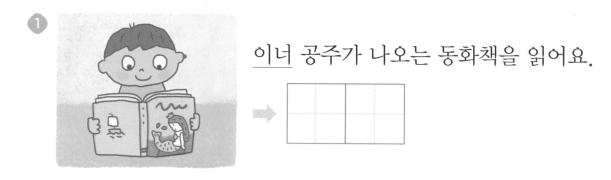
이너 공주가 나오는 동화책을 읽어요.
➡

❷

조개를 캐기 위해 장화를 시너요.
➡

⭐ 친구가 쓴 글을 읽고, 아래 질문에 답해 보세요.

나는 꿈이 정말 많은 ❶어리니입니다. 나중에 커서 나라를 지키는 멋진 ❷구닌이 될 것입니다. 아니면 춤과 노래를 좋아하니까 ❸여녜인도 되고 싶습니다. 가끔 심심할 때 친구들에게 편지를 씁니다. 그래서 글을 쓰는 작가가 되고 싶기도 합니다.

3 맞춤법에 맞지 않은 낱말을 바르게 고쳐 쓰세요.

❶ 어리니 ➡

❷ 구닌 ➡

❸ 여녜인 ➡

ㄷ, ㄹ 받침이 뒤로 넘어가서 소리 나는 말

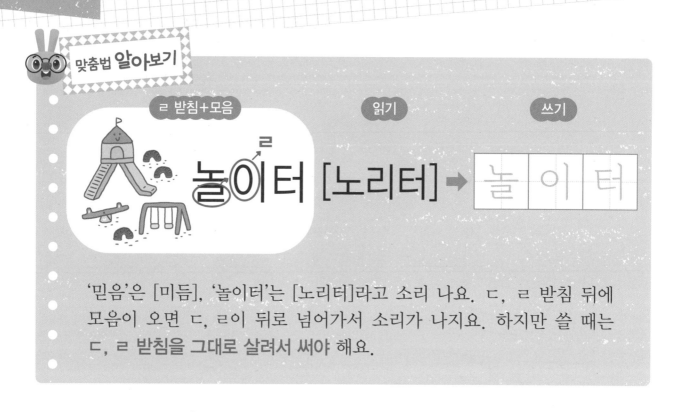

맞춤법 **알아보기**

ㄹ 받침+모음 | 읽기 | 쓰기

놀이터 [노리터] ➡ 놀 이 터

'믿음'은 [미듬], '놀이터'는 [노리터]라고 소리 나요. ㄷ, ㄹ 받침 뒤에 모음이 오면 ㄷ, ㄹ이 뒤로 넘어가서 소리가 나지요. 하지만 쓸 때는 ㄷ, ㄹ 받침을 그대로 살려서 써야 해요.

★ 낱말을 소리 내어 읽고, 맞춤법에 맞게 따라 쓰세요.

① 믿음 [미듬] ➡ 믿 음

② 닫아요 [다다요] ➡ 닫 아 요

③ 얼음 [어름] ➡ 얼 음

맞춤법 **따라 쓰기**

★ 문장을 소리 내어 읽고, 맞춤법에 맞게 따라 쓰세요.

1
놀 이 터 에서 그네를 타요.
[노리터]

2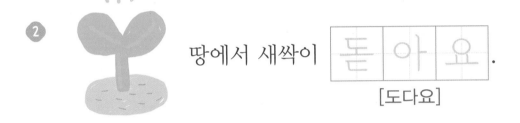
땅에서 새싹이 돋 아 요.
[도다요]

3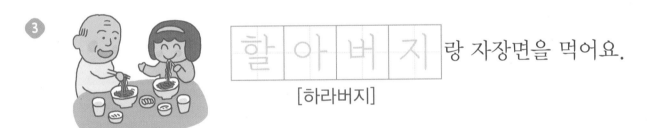
할 아 버 지 랑 자장면을 먹어요.
[하라버지]

4
입 안 가득 얼 음 을 넣었어요.
[어름]

5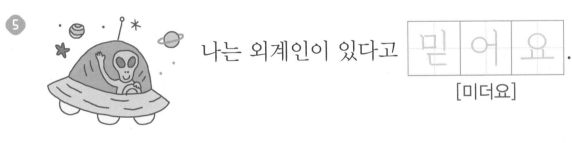
나는 외계인이 있다고 믿 어 요.
[미더요]

6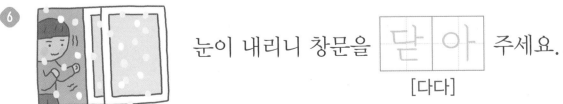
눈이 내리니 창문을 닫 아 주세요.
[다다]

1 다음 그림을 보고, 맞춤법에 맞게 쓴 문장을 선으로 이으세요.

①

- ㉠ 산으로 <u>나드리</u>를 가요.
- ㉡ 산으로 <u>나들이</u>를 가요.

②

- ㉠ 땅에 보물 상자를 <u>묻어요</u>.
- ㉡ 땅에 보물 상자를 <u>무더요</u>.

2 밑줄 친 낱말을 맞춤법에 맞게 고친 것을 보기 에서 골라 쓰세요.

보기   길어요   받아쓰기   뜯어요

① 선물 포장을 <u>뜨더요</u>.

➡ | | | |

② 코끼리는 코가 <u>기러요</u>.

➡ | | | |

③ 선생님과 <u>바다쓰기</u>를 했어요.

➡ | | | | |

★ 지현이가 쓴 크리스마스카드를 읽고, 아래 질문에 답해 보세요.

산타 **❶하라버지**께

안녕하세요. 저는 오지현이에요.

작년 크리스마스 선물로 **❷귀거리**를 받았어요.

올해에는 매일 아침저녁으로 이를 깨끗이 닦고 있어요.

그러니까 이번에는 더 큰 선물을 주실 거라고 **❸미더요.**

3 맞춤법에 맞지 않은 낱말을 바르게 고쳐 쓰세요.

❶ 하라버지 ➡

❷ 귀거리 ➡

❸ 미더요 ➡

ㅁ, ㅂ 받침이 뒤로 넘어가서 소리 나는 말

맞춤법 **알아보기**

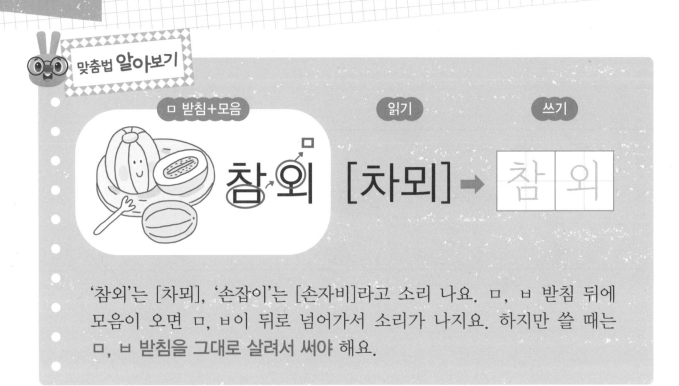

ㅁ 받침+모음   읽기   쓰기

참외 [차뫼] → 참외

'참외'는 [차뫼], '손잡이'는 [손자비]라고 소리 나요. ㅁ, ㅂ 받침 뒤에 모음이 오면 ㅁ, ㅂ이 뒤로 넘어가서 소리가 나지요. 하지만 쓸 때는 ㅁ, ㅂ 받침을 그대로 살려서 써야 해요.

★ 낱말을 소리 내어 읽고, 맞춤법에 맞게 따라 쓰세요.

① 음악 [으막] → 음악

② 입원 [이붠] → 입원

③ 손잡이 [손자비] → 손잡이

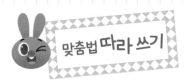 맞춤법 **따라 쓰기**

★ 문장을 소리 내어 읽고, 맞춤법에 맞게 따라 쓰세요.

① 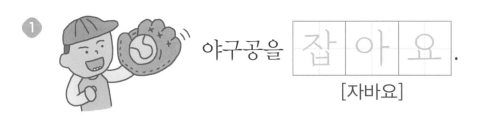 야구공을 | 잡 | 아 | 요 |.
[자바요]

②  | 구 | 름 | 이 | 토끼 모양이에요.
[구르미]

③  | 밥 | 을 | 먹기 전에 손을 씻어요.
[바블]

④  배가 불러서 | 잠 | 이 | 솔솔 와요.
[자미]

⑤ 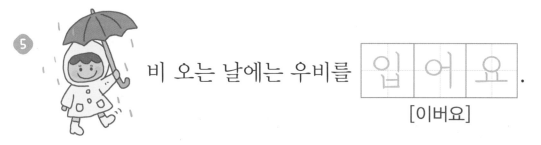 비 오는 날에는 우비를 | 입 | 어 | 요 |.
[이버요]

⑥ 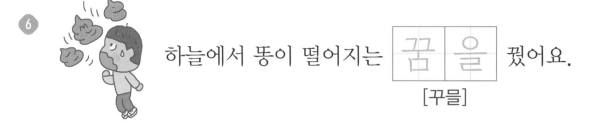 하늘에서 똥이 떨어지는 | 꿈 | 을 | 꿨어요.
[꾸믈]

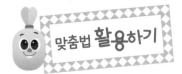

맞춤법 활용하기

1 맞춤법에 맞게 쓴 문장을 골라 ○표 하세요.

❶
- 동시집을 읽어요. (   )
- 동시지블 읽어요. (   )

❷
- 그릇에 바블 담아요. (   )
- 그릇에 밥을 담아요. (   )

❸
- 고양이가 잠을 쿨쿨 자요. (   )
- 고양이가 자믈 쿨쿨 자요. (   )

2 그림을 나타내는 낱말을 맞춤법에 맞게 고쳐 쓰세요.

❶ 차 뫼 ⇨ ⬜⬜⬜

❷ 으 막 ⇨ ⬜⬜⬜

❸ 길 자 비 ⇨ ⬜⬜⬜⬜

⭐ 친구가 쓴 그림일기를 읽고, 아래 질문에 답해 보세요.

| 4 월 | 30 일 | 수 요 일 | 날씨 | 비가 주룩주룩 |

오늘은 비가 내렸어요. 하늘에 회색 ❶구르미 가득했어요. 비가 오면

우비를 ❷이버요. 나는 우산도 썼어요. 그리고 밖에서 우산 ❸손자비를

잡고 폴짝폴짝 뛰어다녔어요.

3 맞춤법에 맞지 않은 낱말을 바르게 고쳐 쓰세요.

❶ 구르미 ⇒

❷ 이버요 ⇒

❸ 손자비 ⇒

맞춤법＋받아쓰기 평가1

1 맞춤법에 맞는 말에 ○표 하세요.

❶ 땅에서 새싹이 (**돋아요** / **도다요**).

❷ 몸에 땀이 나서 (**모곡** / **목욕**)을 했어요.

❸ 컵에 (**얼음** / **어름**)이 가득 담겨 있어요.

2 밑줄 친 낱말을 바르게 고쳐 쓰세요.

❶ <u>노리터</u>에서 미끄럼틀을 타요.

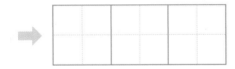

❷ 내 생일은 <u>모교일</u>이에요.

띄어쓰기 더하기 ✛

[낱말과 낱말은 띄어 써요.]

낱말은 '친구', '강아지', '놀다'와 같이 혼자 쓸 수 있는 말의 단위를 말해요. 여러 낱말이 모이면 문장이 되는데, 문장을 쓸 때는 낱말과 낱말 사이를 띄어 써야 해요. 만약 아무렇게나 띄어 쓰면 무슨 뜻인지 이해하기 어렵답니다.

내용 듣기
정답은 103쪽을
확인하세요.

⭐ 오른쪽 QR 코드를 찍어 불러 주는 말을 잘 듣고, 받아쓰세요.

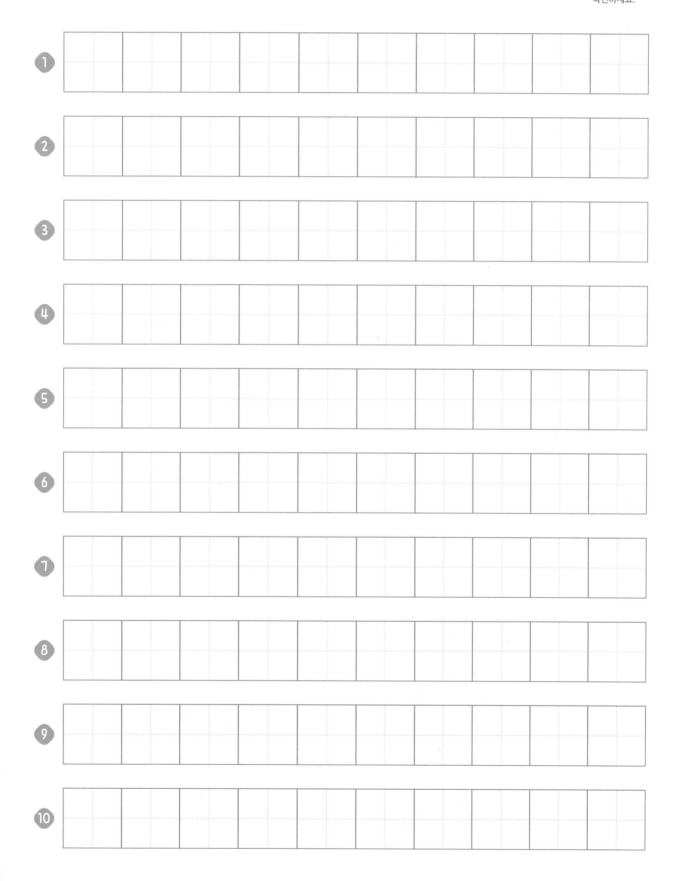

1
2
3
4
5
6
7
8
9
10

받침이 뒤로 넘어가서 소리 나는 말 ②

받침이 있는 말 뒤에 모음이 오면 받침이 뒤로 넘어가서 소리가 나요.
하지만 쓸 때는 받침을 그대로 살려서 써야 한답니다.

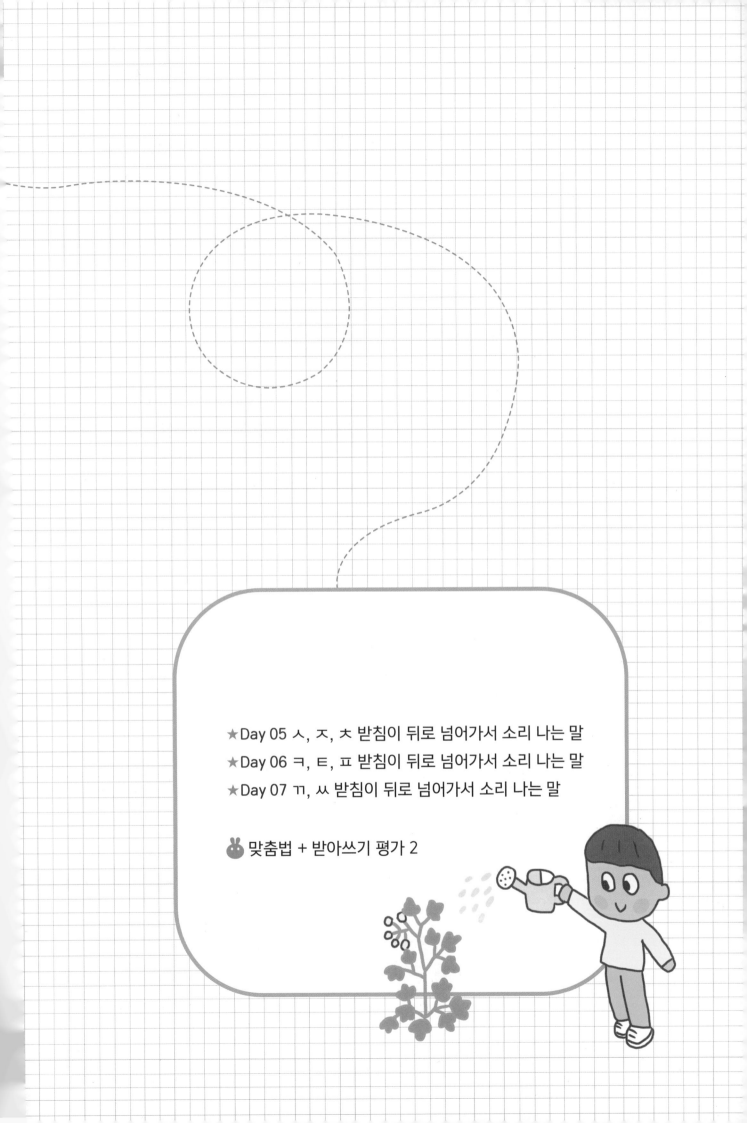

ㅅ, ㅈ, ㅊ 받침이 뒤로 넘어가서 소리 나는 말

맞춤법 **알아보기**

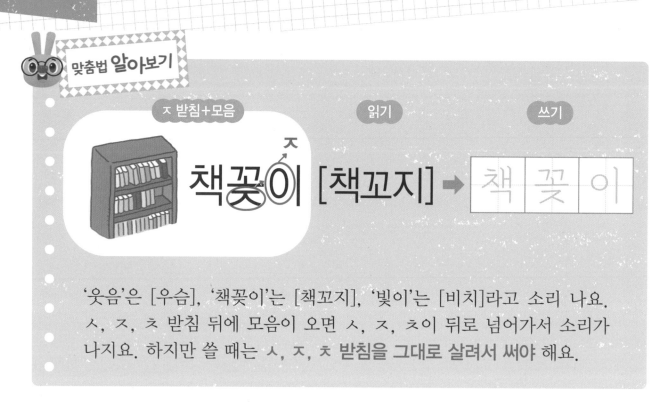

ㅈ 받침+모음 / 읽기 / 쓰기

책꽂이 [책꼬지] → 책 꽂 이

'웃음'은 [우슴], '책꽂이'는 [책꼬지], '빛이'는 [비치]라고 소리 나요.
ㅅ, ㅈ, ㅊ 받침 뒤에 모음이 오면 ㅅ, ㅈ, ㅊ이 뒤로 넘어가서 소리가
나지요. 하지만 쓸 때는 ㅅ, ㅈ, ㅊ 받침을 그대로 살려서 써야 해요.

★ 낱말을 소리 내어 읽고, 맞춤법에 맞게 따라 쓰세요.

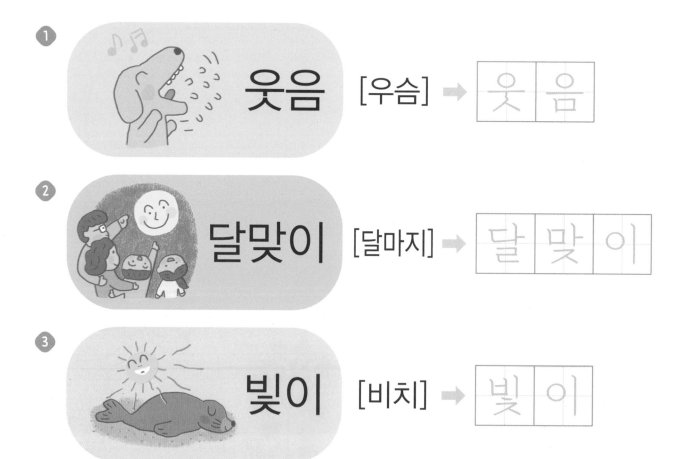

1. 웃음 [우슴] → 웃 음

2. 달맞이 [달마지] → 달 맞 이

3. 빛이 [비치] → 빛 이

맞춤법 **따라 쓰기**

★ 문장을 소리 내어 읽고, 맞춤법에 맞게 따라 쓰세요.

1  숨어 있는 친구를  찾 아 요 .
[차자요]

2  손을 깨 끗 이 닦아요.
[깨끄시]

3  강아지가 왈왈  짖 어 요 .
[지저요]

4  공룡 모양  옷 을 입어요.
[오슬]

5  여름에는  낮 에 엄청 더워요.
[나제]

6  여자친구에게  꽃 을 주었어요.
[꼬츨]

맞춤법 **활용하기**

1 맞춤법에 맞게 쓴 문장을 골라 ○표 하세요.

❶
- 물컵을 깨끗이 <u>씨서요</u>. (　　　)
- 물컵을 깨끗이 <u>씻어요</u>. (　　　)

❷
- 잃어버린 반지를 <u>찾아요</u>. (　　　)
- 잃어버린 반지를 <u>차자요</u>. (　　　)

❸
- 좀비가 <u>쪼차</u>오는 꿈을 꿨어요. (　　　)
- 좀비가 <u>쫓아</u>오는 꿈을 꿨어요. (　　　)

2 밑줄 친 낱말을 맞춤법에 맞게 고쳐 쓰세요.

❶
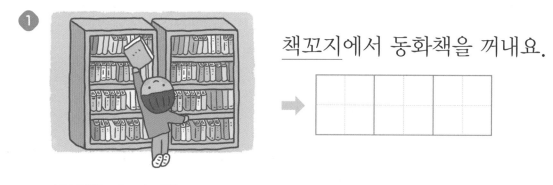

<u>책꼬지</u>에서 동화책을 꺼내요.

➡ | | | |
|---|---|---|
| | | |

❷

안에서 깔깔대는 <u>우슴소리</u>가
들려요.

➡ | | | | |
|---|---|---|---|
| | | | |

★ 친구가 쓴 관찰 일지를 읽고, 아래 질문에 답해 보세요.

날짜: 8월 17일

오늘은 관찰 21일째 되는 날~

매일 ❶나제 방울토마토 나무에 물을 주었어요.

방울토마토 나무 꼭대기에 노란 ❷꼬치 피었어요.

❸마싰는 방울토마토가 열렸으면 좋겠어요.

3 맞춤법에 맞지 않은 낱말을 바르게 고쳐 쓰세요.

❶ 나제

❷ 꼬치

❸ 마싰는 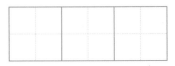

ㅋ, ㅌ, ㅍ 받침이 뒤로 넘어가서 소리 나는 말

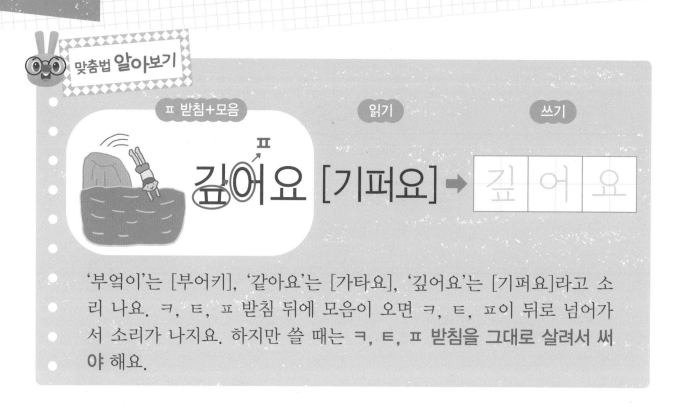

맞춤법 **알아보기**

ㅍ 받침+모음 / 읽기 / 쓰기

깊어요 [기퍼요] → 깊어요

'부엌이'는 [부어키], '같아요'는 [가타요], '깊어요'는 [기퍼요]라고 소리 나요. ㅋ, ㅌ, ㅍ 받침 뒤에 모음이 오면 ㅋ, ㅌ, ㅍ이 뒤로 넘어가서 소리가 나지요. 하지만 쓸 때는 ㅋ, ㅌ, ㅍ 받침을 그대로 살려서 써야 해요.

★ 낱말을 소리 내어 읽고, 맞춤법에 맞게 따라 쓰세요.

1 부엌이 [부어키] → 부 엌 이

2 같아요 [가타요] → 같 아 요

3 높이 [노피] → 높 이

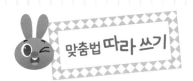
맞춤법 따라 쓰기

★ 문장을 소리 내어 읽고, 맞춤법에 맞게 따라 쓰세요.

1

연을 놀이 날려요.
[노피]

2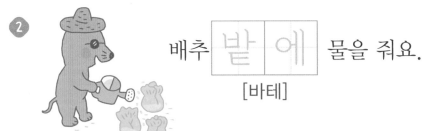

배추 밭에 물을 줘요.
[바테]

3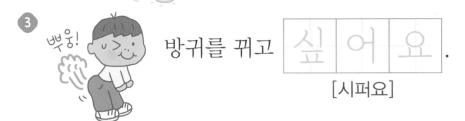

방귀를 뀌고 싶어요.
[시퍼요]

4

저 밑에 뭐가 있을까요?
[미테]

5

부엌에서 맛있는 냄새가 나요.
[부어케서]

6

깊은 산속에서 길을 잃었어요.
[기픈]

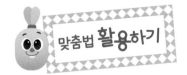

1 다음 그림을 보고, 맞춤법에 맞게 쓴 문장을 선으로 이으세요.

❶

- ㉠ 강아지는 냄새를 잘 <u>마타요</u>.
- ㉡ 강아지는 냄새를 잘 <u>맡아요</u>.

❷

- ㉠ 상어는 <u>깊은</u> 바닷속에 살아요.
- ㉡ 상어는 <u>기픈</u> 바닷속에 살아요.

2 다음 그림을 보고 쓴 문장을 읽고, 알맞은 낱말에 ○표 하세요.

❶ 엄마와 함께 (**부엌에서** / **부어케서**) 요리를 해요.

❷ 식탁 (**미트로** / **밑으로**) 당근이 떨어졌어요.

❸ 빨리 음식을 먹고 (**시퍼요** / **싶어요**).

⭐ 친구가 쓴 독서 감상문을 읽고, 아래 질문에 답해 보세요.

• 제목: 해와 달이 된 오누이

• 줄거리: 호랑이는 늙은 어머니를 잡아먹고 오누이를 찾아갔어요.

오누이는 ❶수프로 도망치다가 하늘에서 내려 준 줄을 타고

❷노피 올라갔어요. 호랑이는 썩은 동아줄을 타고 오르다가

❸미트로 떨어졌어요. 오누이는 하늘에 올라가

해와 달이 되었답니다.

• 느낀 점: 호랑이는 정말 나쁜 것 같다.

3 맞춤법에 맞지 않은 낱말을 바르게 고쳐 쓰세요.

❶ 수프로 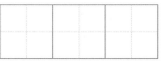 ➡

❷ 노피  ➡

❸ 미트로 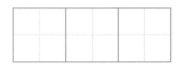 ➡

ㄲ, ㅆ 받침이 뒤로 넘어가서 소리 나는 말

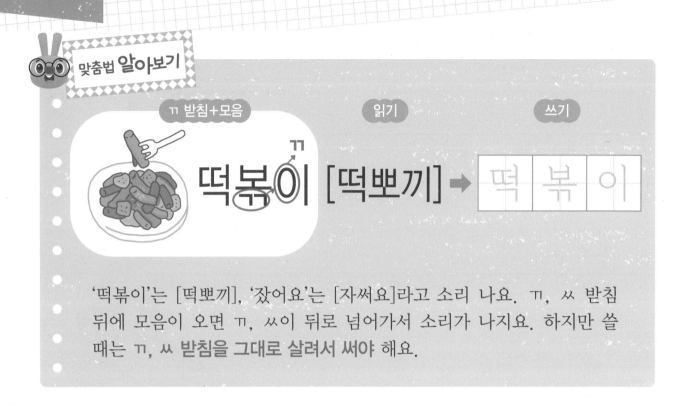

맞춤법 **알아보기**

ㄲ 받침+모음 / 읽기 / 쓰기

떡볶이 [떡뽀끼] ➡ 떡 볶 이

'떡볶이'는 [떡뽀끼], '잤어요'는 [자써요]라고 소리 나요. ㄲ, ㅆ 받침 뒤에 모음이 오면 ㄲ, ㅆ이 뒤로 넘어가서 소리가 나지요. 하지만 쓸 때는 ㄲ, ㅆ 받침을 그대로 살려서 써야 해요.

⭐ 낱말을 소리 내어 읽고, 맞춤법에 맞게 따라 쓰세요.

① 깎아요 [까까요] ➡ 깎 아 요

② 잤어요 [자써요] ➡ 잤 어 요

③ 탔어요 [타써요] ➡ 탔 어 요

공부한 날짜 　월　일

맞춤법 **따라 쓰기**

★ 문장을 소리 내어 읽고, 맞춤법에 맞게 따라 쓰세요.

①  밖 에 눈이 내려요.
[바께]

②  놀이공원에 갔 어 요 .
[가써요]

③  나는 볶 음 밥 을 좋아해요.
[보끔밥]

④  나무를 심고 물을 주 었 어 요 .
[주어써요]

⑤  자전거 타기는 재 미 있 어 요 .
[재미이써요]

⑥ 노란색과 파란색 물감을 섞 어 요 .
[서꺼요]

2. 받침이 뒤로 넘어가서 소리 나는 말 ② **43**

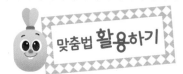

맞춤법 **활용하기**

1 그림에 알맞은 낱말을 골라 ○표 하세요.

1  잔디를 (깎아요 / 까까요).

2 생일 축하 편지를 (써써요 / 썼어요).

2 밑줄 친 낱말을 맞춤법에 맞게 고친 것을 보기 에서 골라 쓰세요.

> 보기   밖에   잤어요   탔어요

1 오리 배를 <u>타써요</u>.

➡ | | | |
|---|---|---|

2 낮잠을 쿨쿨 <u>자써요</u>.

➡ | | | |
|---|---|---|

3 눈썰매를 타러 <u>바께</u> 나가요.

➡ | | |
|---|---|

★ 친구가 공책에 적어 놓은 조리법을 읽고, 아래 질문에 답해 보세요.

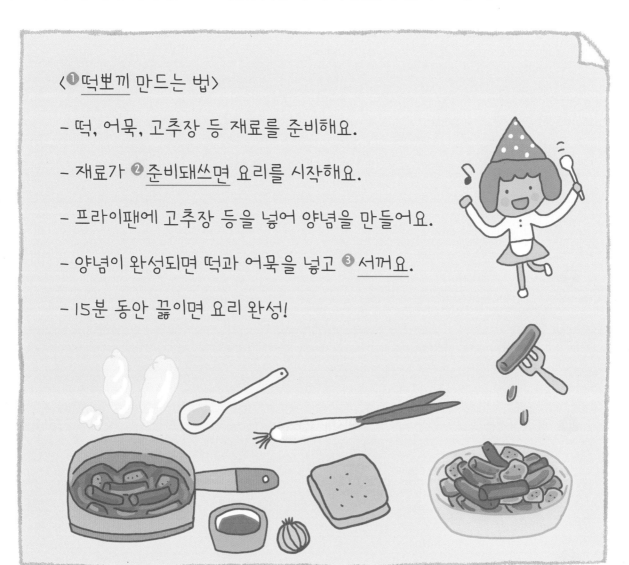

〈❶떡뽀끼 만드는 법〉

– 떡, 어묵, 고추장 등 재료를 준비해요.

– 재료가 ❷준비돼쓰면 요리를 시작해요.

– 프라이팬에 고추장 등을 넣어 양념을 만들어요.

– 양념이 완성되면 떡과 어묵을 넣고 ❸서꺼요.

– 15분 동안 끓이면 요리 완성!

3 맞춤법에 맞지 않은 낱말을 바르게 고쳐 쓰세요.

❶ 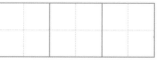 떡뽀끼 ➡

❷  준비돼쓰면 ➡

❸ 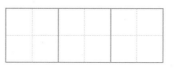 서꺼요 ➡

맞춤법＋받아쓰기 평가 2

1 맞춤법에 맞는 말에 ○표 하고, 빈칸에 쓰세요.

(빛을 / 비츨)

① 손전등으로 ⬚⬚ 비춰요.

(노파서 / 높아서)

② 신발 굽이 ⬚⬚⬚ 키가 커 보여요.

2 밑줄 친 낱말을 바르게 고쳐 쓰세요.

① 청바지를 사러 옷 가게에 <u>가써요</u>.

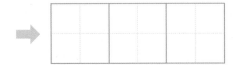

② 내가 제일 좋아하는 음식은 <u>떡뽀끼</u>예요.

띄어쓰기 더하기

['은/는/이/가, 와/과, 을/를'은 앞말에 붙여 써요.]

'엄마는 나에게 과자와 우유를 주셨다.'라는 문장에서 '엄마는, 과자와, 우유를'을 살펴보세요. 낱말 뒤에 '는, 와, 를'이 붙었어요. '은/는/이/가, 와/과, 을/를'은 문장 안에서 혼자 쓰일 수 없어요. 그러므로 반드시 앞에 오는 말과 붙여 써야 한답니다.

내용 듣기
정답은 105쪽을
확인하세요.

⭐ 오른쪽 QR 코드를 찍어 불러 주는 말을 잘 듣고, 받아쓰세요.

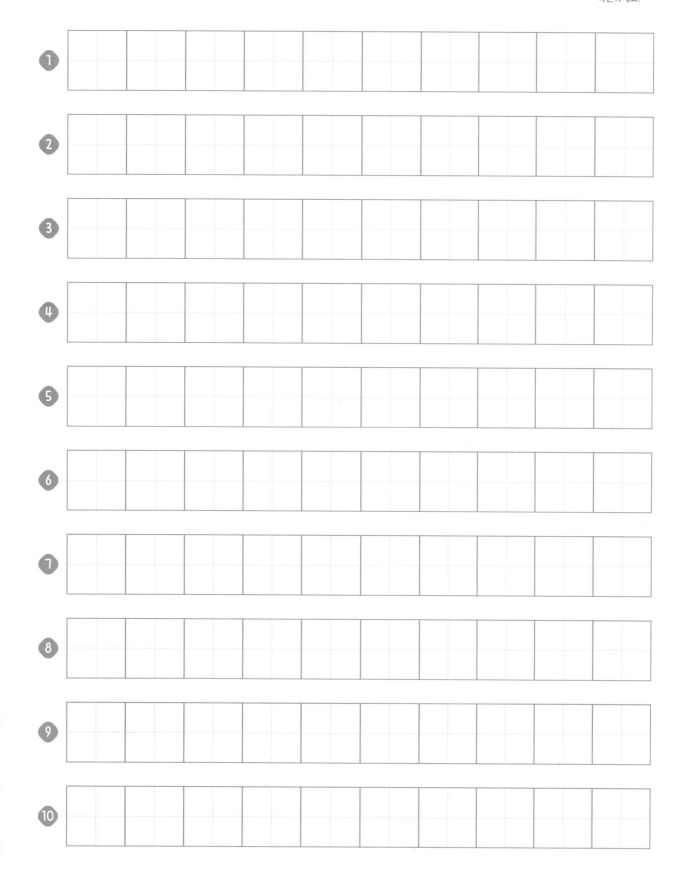

1

2

3

4

5

6

7

8

9

10

받침이 대표 소리로 나는 말

ㄱ, ㅋ, ㄲ이 받침에 오면 [ㄱ]으로,
ㄷ, ㅅ, ㅈ, ㅊ, ㅌ이 받침에 오면 [ㄷ]으로,
ㅂ, ㅍ이 받침에 오면 [ㅂ]으로 소리가 나요.
[ㄱ], [ㄷ], [ㅂ]처럼 대표 소리로 나는 말들을 쓸 때는
원래 받침을 그대로 살려서 써야 한답니다.

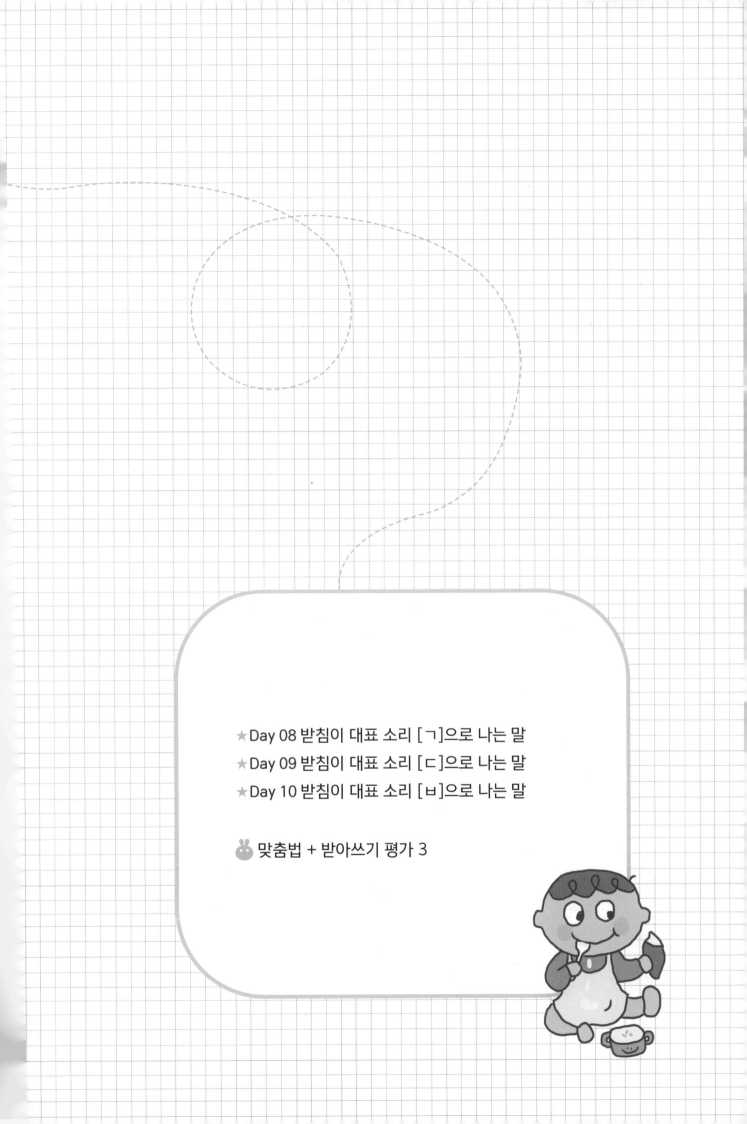

받침이 대표 소리 [ㄱ]으로 나는 말

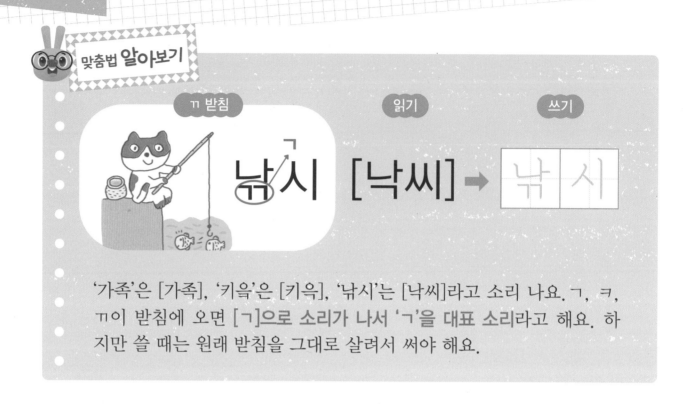

맞춤법 **알아보기**

| ㄲ 받침 | 읽기 | 쓰기 |

낚시 [낙씨] ➡ 낚 시

'가족'은 [가족], '키읔'은 [키윽], '낚시'는 [낙씨]라고 소리 나요. ㄱ, ㅋ, ㄲ이 받침에 오면 [ㄱ]으로 소리가 나서 'ㄱ'을 대표 소리라고 해요. 하지만 쓸 때는 원래 받침을 그대로 살려서 써야 해요.

★ 낱말을 소리 내어 읽고, 맞춤법에 맞게 따라 쓰세요.

① 가족 [가족] ➡ 가 족

② 키읔 [키윽] ➡ 키 읔

③ 창밖 [창박] ➡ 창 밖

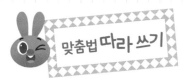

맞춤법 따라 쓰기

★ 문장을 소리 내어 읽고, 맞춤법에 맞게 따라 쓰세요.

①  꽃을 꺾지 마세요.
[꺽찌]

②  물을 닦고 나가요.
[닥꼬]

③ 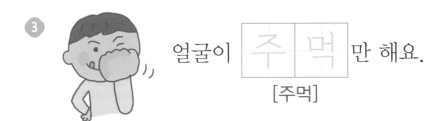 얼굴이 주먹만 해요.
[주먹]

④  서녘 하늘에서 노을이 져요.
[서녁]

⑤  저녁 식사 메뉴는 삼겹살이에요.
[저녁]

⑥ 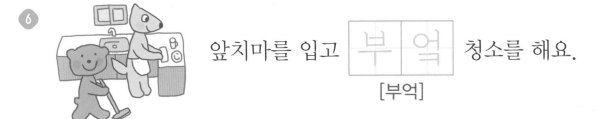 앞치마를 입고 부엌 청소를 해요.
[부억]

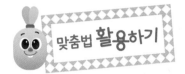
1 맞춤법에 맞게 쓴 문장을 골라 ○표 하세요.

① 　　　　　　　　　　• 새벽<u>녁</u> 하늘은 어두워요. (　　　)
　　　　　　　　　　• 새벽<u>녘</u> 하늘은 어두워요. (　　　)

② 　　　　　　　　　　• 나뭇가지를 <u>꺽찌</u> 마세요. (　　　)
　　　　　　　　　　• 나뭇가지를 <u>꺾지</u> 마세요. (　　　)

③ 　　　　　　　　　　• 이를 <u>닦고</u> 세수를 해요. (　　　)
　　　　　　　　　　• 이를 <u>닥꼬</u> 세수를 해요. (　　　)

2 그림을 나타내는 낱말을 맞춤법에 맞게 고쳐 쓰세요.

① 서 녁 ⇨ ☐ ☐

② 창 박 ⇨ ☐ ☐ ☐

③ 키 윽 ⇨ ☐ ☐

★ 친구가 쓴 그림일기를 읽고, 아래 질문에 답해 보세요.

| 6 월 | 3 일 | 일 요일 | 날씨 | 해가 방긋 |

지난 주말에 ❶가쥭과 함께 강으로 놀러 갔다. 강가에 텐트를 치고 아

빠랑 같이 ❷낙시를 했다. 물고기를 잡다가 얼굴에 물이 튀어서 수건

으로 ❸닥고 다시 집중했다. 재미있는 하루였다.

3 맞춤법에 맞지 않은 낱말을 바르게 고쳐 쓰세요.

❶ 가쥭 ➡

❷ 낙시 ➡

❸ 닥고 ➡

맞춤법 **알아보기**

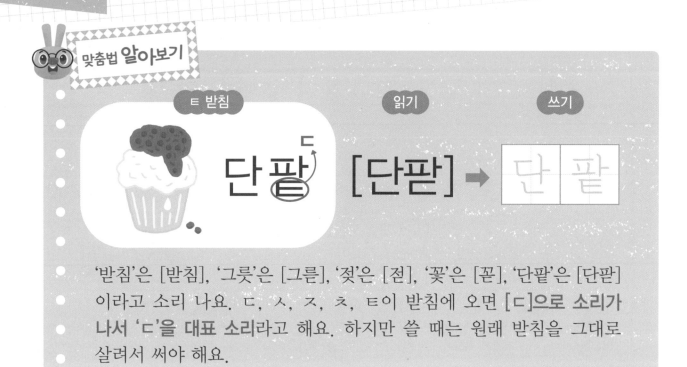

ㅌ 받침   읽기   쓰기

단팥 [단팓] ➡ 단 팥

'받침'은 [받침], '그릇'은 [그륵], '젖'은 [젇], '꽃'은 [꼳], '단팥'은 [단팓] 이라고 소리 나요. ㄷ, ㅅ, ㅈ, ㅊ, ㅌ이 받침에 오면 [ㄷ]으로 소리가 나서 'ㄷ'을 대표 소리라고 해요. 하지만 쓸 때는 원래 받침을 그대로 살려서 써야 해요.

⭐ 낱말을 소리 내어 읽고, 맞춤법에 맞게 따라 쓰세요.

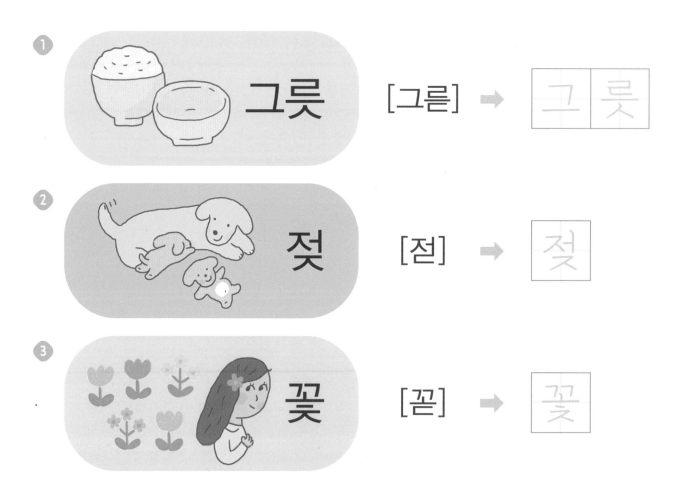

① 그릇 [그륵] ➡ 그 릇

② 젖 [젇] ➡ 젖

③ 꽃 [꼳] ➡ 꽃

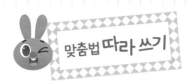

맞춤법 **따라 쓰기**

★ 문장을 소리 내어 읽고, 맞춤법에 맞게 따라 쓰세요.

①  깃발 이 펄럭여요.
[긷빨]

② 꿀벌이 벚꽃 사진을 찍어요.
[벋꼳]

③ 연필은 몇 자루일까요?
[면]

④ 낙타가 짐을 싣고 가요.
[실꼬]

⑤ 시장에서 엿 하나를 샀어요.
[엳]

⑥ 가마솥 아래에 불을 피워요.
[가마솓]

1 맞춤법에 맞게 쓴 문장을 골라 ○표 하세요.

❶
- 모래성에 <u>깃발</u>을 꽂아요. (   )
- 모래성에 <u>긷빨</u>을 꽂아요. (   )

❷
- 아빠는 <u>단팥</u>빵을 좋아해요. (   )
- 아빠는 <u>단팓</u>빵을 좋아해요. (   )

2 밑줄 친 낱말을 맞춤법에 맞게 고쳐 쓰세요.

❶

가마솥에 <u>통닭</u>을 튀겨요.

➡

❷

맛있는 <u>호박엳</u> 사세요!

➡

❸
송아지가 <u>젇</u>을 먹어요.

➡

⭐ 민수가 친구와 나눈 문자 메시지를 읽고, 아래 질문에 답해 보세요.

친구

민수야, 내일 같이 ❶벋꼳 구경 갈래?

좋아! 그럼 ❷멷 시에 만날까?

집 앞 공원에서 10시에 만나자.

그래! 그럼 내가 도시락을 싸 갈게.

좋아! 나는 ❸돋짜리를 챙겨 갈게.

응, 재미있겠다. 내일 보자!

3 맞춤법에 맞지 않은 낱말을 바르게 고쳐 쓰세요.

❶ 벋꼳 ➡

❷ 멷 ➡

❸ 돋짜리 ➡

받침이 대표 소리 [ㅂ]으로 나는 말

맞춤법 알아보기

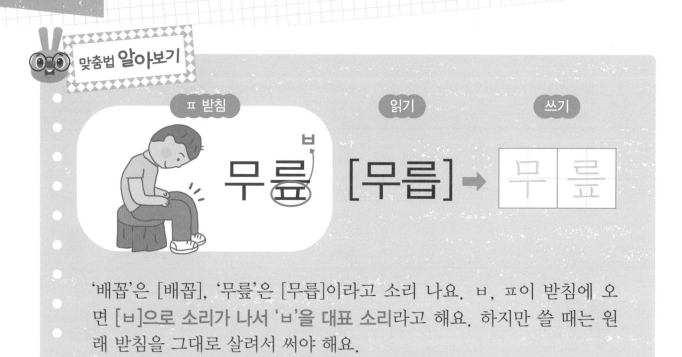

ㅍ 받침 | 읽기 | 쓰기

무릎 [무릅] → 무릎

'배꼽'은 [배꼽], '무릎'은 [무릅]이라고 소리 나요. ㅂ, ㅍ이 받침에 오면 [ㅂ]으로 소리가 나서 'ㅂ'을 대표 소리라고 해요. 하지만 쓸 때는 원래 받침을 그대로 살려서 써야 해요.

★ 낱말을 소리 내어 읽고, 맞춤법에 맞게 따라 쓰세요.

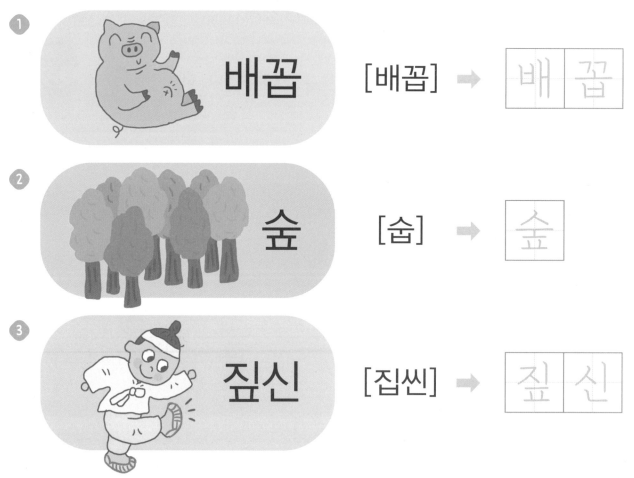

1 배꼽 [배꼽] ➡ 배꼽

2 숲 [숩] ➡ 숲

3 짚신 [집씬] ➡ 짚신

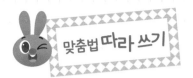 맞춤법 **따라 쓰기**

★ 문장을 소리 내어 읽고, 맞춤법에 맞게 따라 쓰세요.

1.  숲 향기가 좋아요.
[숩]

2.  밥상에 덮개 를 씌워요.
[덥깨]

3.  옆구리 가 간지러워요.
[엽꾸리]

4.  앞치마 에 음식을 흘렸어요.
[압치마]

5.  무릎 보호대를 찼어요.
[무릅]

6.  코알라가 잎사귀 를 먹어요.
[입싸귀]

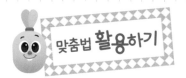
맞춤법 **활용하기**

1 그림에 알맞은 낱말을 골라 ○표 하세요.

❶ (짚신 / 집신) 하나가 없어졌어요.

❷ (배꼪 / 배꼽)이 빠지게 웃어요.

2 빈칸에 알맞은 낱말을 보기 에서 골라 쓰세요.

보기　　숩　　숲　　무릎　　무릅　　엽꾸리　　옆구리

❶ [　　] 에 요정이 살아요.

❷ 엄마 [　　　] 을 베고 누워요.

❸ 동생 [　　　　] 를 쿡쿡 찔러요.

10일
학습 끝!

붙임 딱지를 붙여요.

★ 친구가 쓴 알림장을 보고, 아래 질문에 답해 보세요.

| 7월 | 21일 | 화요일 | 선생님 확인 | | 부모님 확인 | |

1. 요리 활동 준비물 챙기기

　－ 양파, 감자, 당근, 돼지고기

　－ ❶앞치마, 식탁 ❷덥깨, 행주

2. 만들기 재료 챙기기

　－ 색종이, 가위, ❸헝겁 조각, 풀

3 맞춤법에 맞지 않은 낱말을 바르게 고쳐 쓰세요.

❶ 앞치마 ➡

❷ 덥깨 ➡

❸ 헝겁 ➡

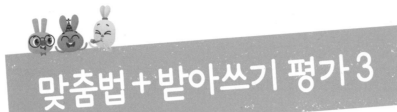

맞춤법+받아쓰기 평가 3

1 맞춤법에 맞는 말에 ○표 하세요.

① 배를 타고 (**낚시** / **낙씨**)를 해요.

② 만두를 (**그른** / **그릇**)에 담아요.

③ (**숲** / **숩**)에서 토끼가 세수를 해요.

2 밑줄 친 낱말을 바르게 고쳐 쓰세요.

① 엄마가 <u>부억</u>에서 요리를 해요.

② <u>가마솓</u>에서 물이 펄펄 끓고 있어요.

띄어쓰기 더하기

[수와 단위는 띄어 써요.]

물건의 개수를 셀 때는 수와 단위를 띄어 써요. '떡 한 개', '신발 두 켤레', '과자 세 봉지'와 같이 수와 단위 사이를 띄어 써야 해요. 이처럼 띄어쓰기를 바르게 하면 글을 읽는 사람이 문장의 뜻을 쉽게 이해할 수 있답니다.

내용 듣기
정답은 106쪽을
확인하세요.

⭐ 오른쪽 QR 코드를 찍어 불러 주는 말을 잘 듣고, 받아쓰세요.

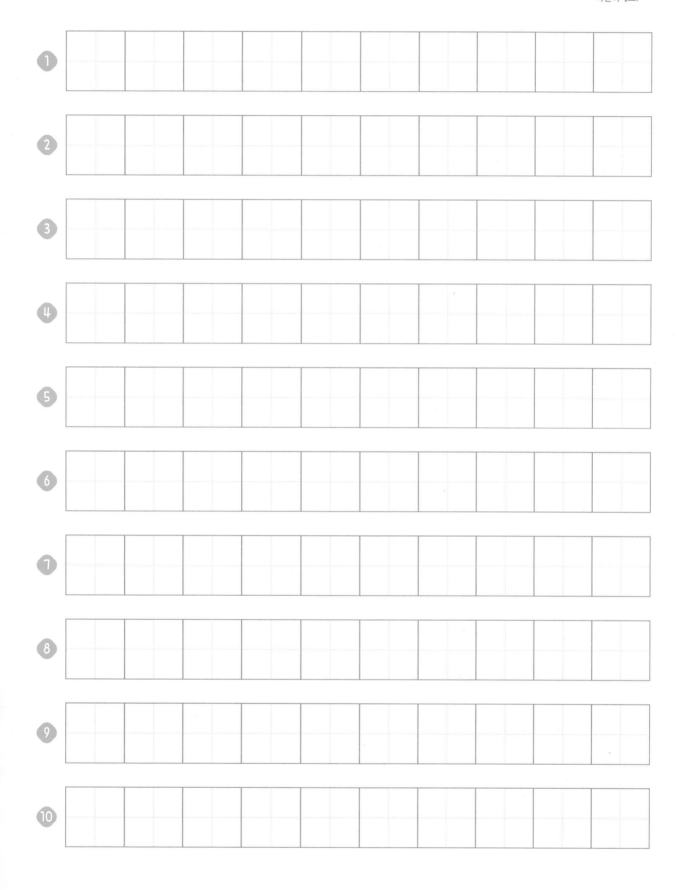

된소리가 나는 말

ㄲ, ㄸ, ㅃ, ㅆ, ㅉ을 된소리라고 말해요. 낱말을 소리 내어 읽을 때
뒷 글자의 첫 자음이 앞 글자의 받침과 만나 된소리로 변하는 말이 있어요.
하지만 쓸 때는 원래 받침을 그대로 살려서 써야 한답니다.

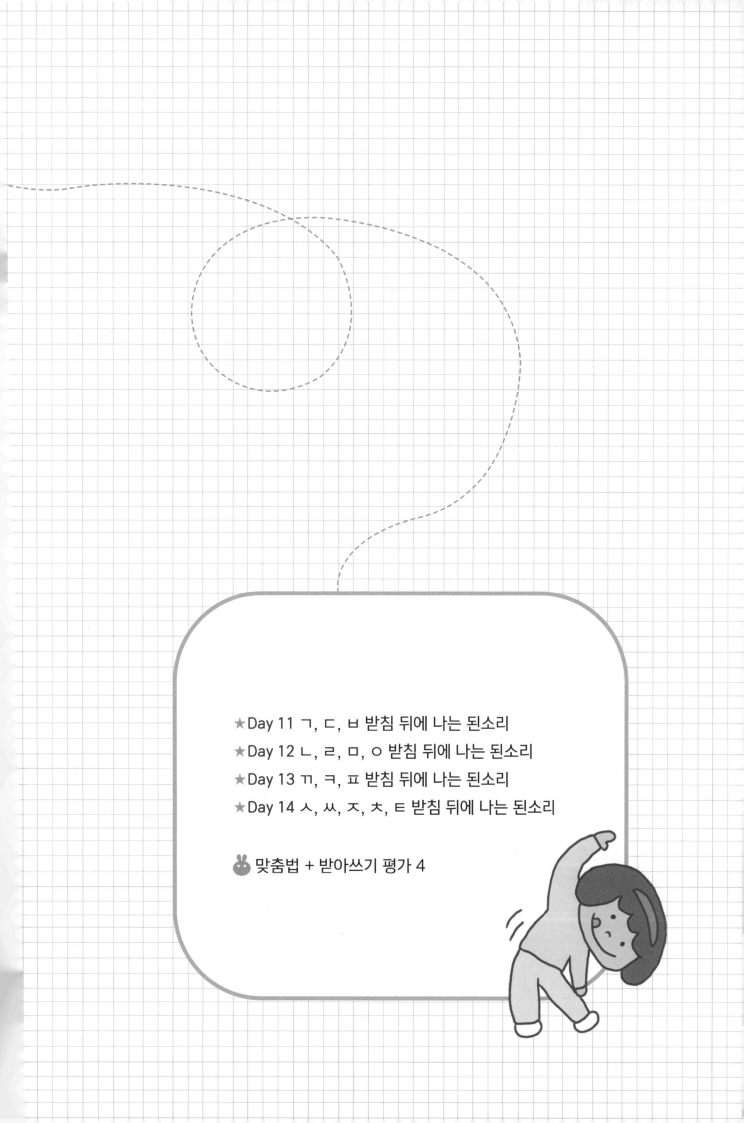

ㄱ, ㄷ, ㅂ 받침 뒤에 나는 된소리

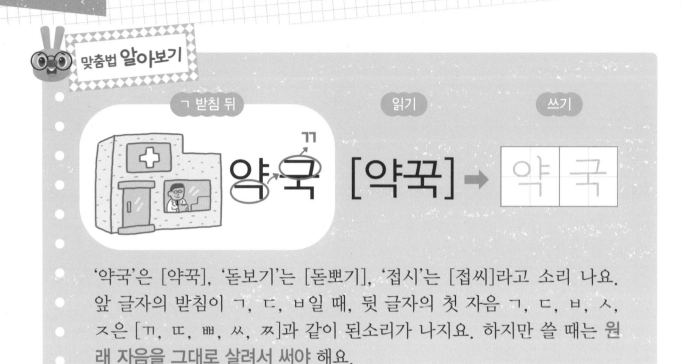

ㄱ 받침 뒤   읽기   쓰기

약국 [약꾹] → 약 국

'약국'은 [약꾹], '돋보기'는 [돋뽀기], '접시'는 [접씨]라고 소리 나요. 앞 글자의 받침이 ㄱ, ㄷ, ㅂ일 때, 뒷 글자의 첫 자음 ㄱ, ㄷ, ㅂ, ㅅ, ㅈ은 [ㄲ, ㄸ, ㅃ, ㅆ, ㅉ]과 같이 된소리가 나지요. 하지만 쓸 때는 원래 자음을 그대로 살려서 써야 해요.

★ 낱말을 소리 내어 읽고, 맞춤법에 맞게 따라 쓰세요.

① 국자 [국짜] → 국 자

② 돋보기 [돋뽀기] → 돋 보 기

③ 접시 [접씨] → 접 시

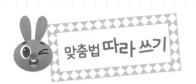
맞춤법 **따라 쓰기**

★ 문장을 소리 내어 읽고, 맞춤법에 맞게 따라 쓰세요.

① 친구에게 　답　장　 을 써요.
[답짱]

② 　깍　두　기　 는 무로 만들어요.
[깍뚜기]

③ 무대에서 　악　기　 를 연주해요.
[악끼]

④ 맛있는 　옥　수　수　 를 먹어요.
[옥쑤수]

⑤ 　걷　기　 운동은 건강에 좋아요.
[걷ː끼]

⑥ 아침부터 　택　배　 를 기다려요.
[택빼]

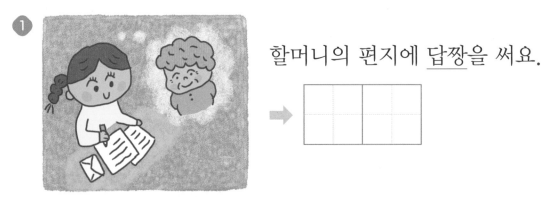

1 맞춤법에 맞게 쓴 문장을 골라 ○표 하세요.

❶
- 바나나가 <u>접시</u>에 있어요. (　　　)
- 바나나가 <u>접씨</u>에 있어요. (　　　)

❷
- <u>약꾹</u>에서 마스크를 사요. (　　　)
- <u>약국</u>에서 마스크를 사요. (　　　)

❸
- <u>돋보기</u>로 개미를 관찰해요. (　　　)
- <u>돋뽀기</u>로 개미를 관찰해요. (　　　)

2 밑줄 친 낱말을 맞춤법에 맞게 고쳐 쓰세요.

❶

할머니의 편지에 <u>답짱</u>을 써요.

➡ | | |
|---|---|

❷

기다리던 <u>택빼</u>가 도착했어요.

➡ | | |
|---|---|

⭐ 친구가 쓴 그림일기를 읽고, 아래 질문에 답해 보세요.

| 8 월 | 17 일 | 금 요 일 | 날씨 | 노을이 지고 있음. |

오늘은 부모님을 도와 저녁 식사를 준비했다. 엄마는 ❶옥쑤수 밥을

지었고, 아빠는 ❷국짜로 미역국을 펐다. 나는 식탁 위에 ❸깍뚜기를

올려놓았다. 맛있는 저녁 식사였다.

3 맞춤법에 맞지 않은 낱말을 바르게 고쳐 쓰세요.

❶ 옥쑤수 ➡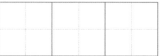

❷ 국짜 ➡

❸ 깍뚜기 ➡

ㄴ, ㄹ, ㅁ, ㅇ 받침 뒤에 나는 된소리

맞춤법 **알아보기**

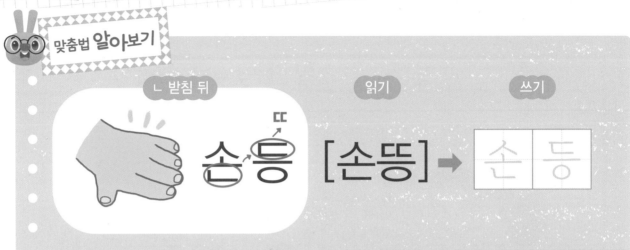

ㄴ 받침 뒤 　　　읽기　　　쓰기

손등 [손뚱] ➡ 손 등

'손등'은 [손뚱], '물고기'는 [물꼬기], '담벼락'은 [담뼈락], '빵집'은 [빵찝]이라고 소리 나요. 앞 글자의 받침이 ㄴ, ㄹ, ㅁ, ㅇ일 때, 뒷 글자의 첫 자음 ㄱ, ㄷ, ㅂ, ㅅ, ㅈ은 [ㄲ, ㄸ, ㅃ, ㅆ, ㅉ]과 같이 된소리가 나지요. 하지만 쓸 때는 원래 자음을 그대로 살려서 써야 해요.

★ 낱말을 소리 내어 읽고, 맞춤법에 맞게 따라 쓰세요.

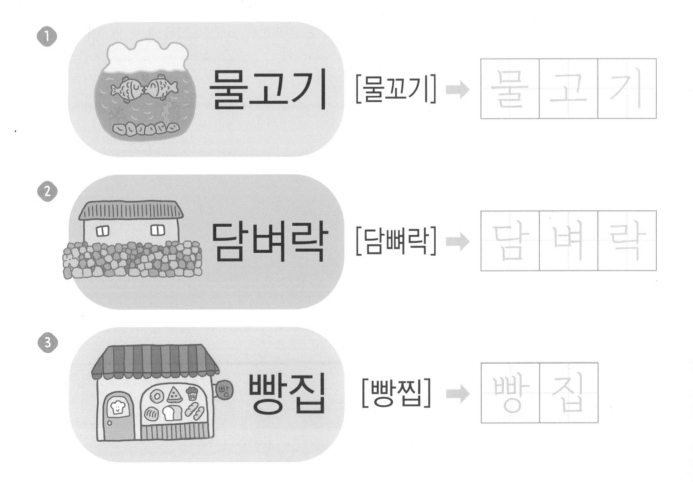

① 물고기 [물꼬기] ➡ 물 고 기

② 담벼락 [담뼈락] ➡ 담 벼 락

③ 빵집 [빵찝] ➡ 빵 집

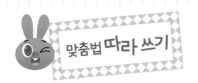
맞춤법 **따라 쓰기**

⭐ 문장을 소리 내어 읽고, 맞춤법에 맞게 따라 쓰세요.

①

김 밥 과 라면을 먹어요.
[김·빱]

②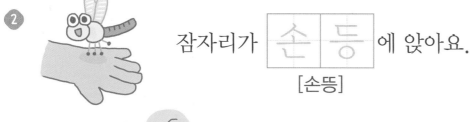

잠자리가 손 등 에 앉아요.
[손뜽]

③

보 름 달 보며 소원을 빌어요.
[보름딸]

④

물 고 기 가 빠르게 헤엄쳐요.
[물꼬기]

⑤

밀 가 루 로 빵을 만들어요.
[밀까루]

⑥

친구와 눈 사 람 만들기를 해요.
[눈:싸람]

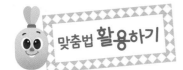

맞춤법 **활용**하기

1 맞춤법에 맞게 쓴 문장을 골라 ○표 하세요.

① • 발빠닥을 깨끗이 씻어요. (　　　)
　 • 발바닥을 깨끗이 씻어요. (　　　)

② • 빵집에서 케이크를 샀어요. (　　　)
　 • 빵찝에서 케이크를 샀어요. (　　　)

③ • 동생에게 글짜를 알려 줘요. (　　　)
　 • 동생에게 글자를 알려 줘요. (　　　)

2 그림을 나타내는 낱말을 맞춤법에 맞게 고쳐 쓰세요.

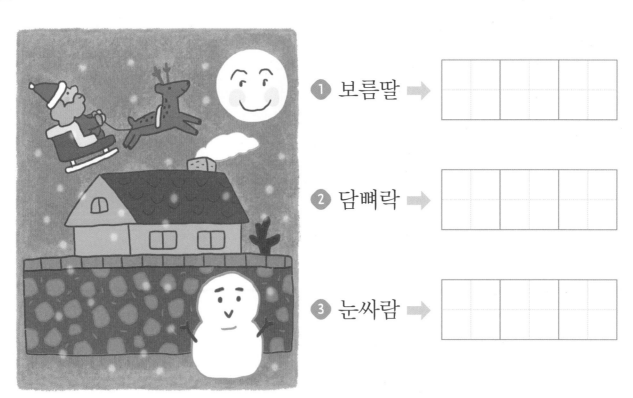

① 보름딸 ➡

② 담뼈락 ➡

③ 눈싸람 ➡

★ 친구가 쓴 알림장을 보고, 아래 질문에 답해 보세요.

9 월	10 일	수요일	선생님 확인		부모님 확인	

1. 부모님을 도와 집 청소하기

  – ❶방빠닥 쓸고 닦기, 물건 제자리에 놓기

2. 요리 활동 준비물 챙기기

  – 호박, 양파, 감자, ❷밀까루

3. 현장 학습 간식 챙기기

  – ❸김빱, 과자, 음료수 등 먹을거리

3 맞춤법에 맞지 않은 낱말을 바르게 고쳐 쓰세요.

❶ 방빠닥 ➡

❷ 밀까루 ➡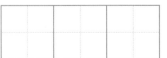

❸ 김빱 ➡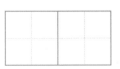

맞춤법 알아보기

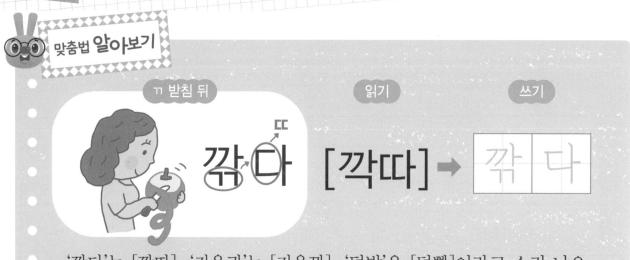

ㄲ 받침 뒤   읽기   쓰기

깎다 [깍따] ➡ 깎 다

'깎다'는 [깍따], '키읔과'는 [키윽꽈], '덮밥'은 [덥빱]이라고 소리 나요. 앞 글자의 받침이 ㄲ, ㅋ, ㅍ일 때, 뒷 글자의 첫 자음 ㄱ, ㄷ, ㅂ, ㅅ, ㅈ은 [ㄲ, ㄸ, ㅃ, ㅆ, ㅉ]과 같이 된소리가 나지요. 하지만 쓸 때는 원래 자음을 그대로 살려서 써야 해요.

⭐ 낱말을 소리 내어 읽고, 맞춤법에 맞게 따라 쓰세요.

① 볶다 [복따] ➡ 볶 다

② 덮밥 [덥빱] ➡ 덮 밥

③ 옆구리 [엽꾸리] ➡ 옆 구 리

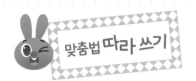

맞춤법 **따라 쓰기**

★ 문장을 소리 내어 읽고, 맞춤법에 맞게 따라 쓰세요.

1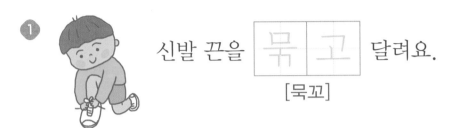
신발 끈을 묶 고 달려요.
[묵꼬]

2
부 엌 과 거실을 청소해요.
[부억꽈]

3
항아리에 덮 개 를 씌워요.
[덥깨]

4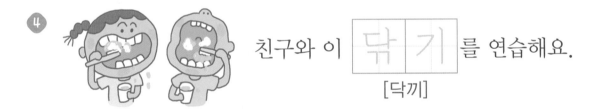
친구와 이 닦 기 를 연습해요.
[닥끼]

5
나뭇가지에 잎 사 귀 가 자라요.
[입싸귀]

6
키 읔 과 피읖 받침이 헷갈려요.
[키윽꽈]

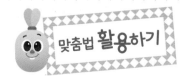 맞춤법 **활용하기**

1 그림에 알맞은 낱말을 골라 ○표 하세요.

다람쥐가 (**옆집** / **엽찝**)에 놀러 가요.

토끼는 (**입싸귀** / **잎사귀**)를
좋아해요.

머리카락을 (**묶고** / **묵꼬**) 밥을 먹어요.

2 빈칸에 알맞은 낱말을 보기 에서 골라 쓰세요.

보기 　　　　부엌꽈　　　부엌과　　　덮밥　　　덥빱

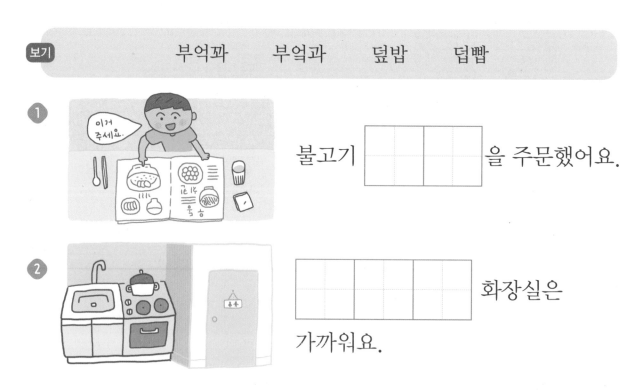

불고기 　　　　　을 주문했어요.

화장실은

가까워요.

⭐ 친구가 쓴 '오늘의 할 일'을 보고, 아래 질문에 답해 보세요.

3 맞춤법에 맞지 않은 낱말을 바르게 고쳐 쓰세요.

❶ 엽꾸리 ➡

❷ 덥깨 ➡

❸ 닥끼 ➡

ㅅ, ㅆ, ㅈ, ㅊ, ㅌ 받침 뒤에 나는 된소리

맞춤법 **알아보기**

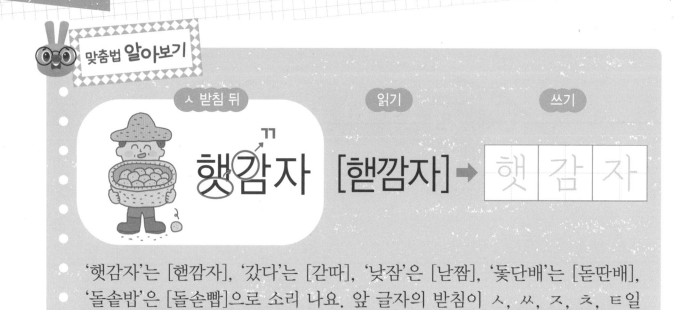

ㅅ 받침 뒤

햇감자 [햇깜자] ➡ 햇 감 자

읽기

쓰기

'햇감자'는 [핸깜자], '갔다'는 [갇따], '낮잠'은 [낟짬], '돛단배'는 [돋딴배], '돌솥밥'은 [돌솓빱]으로 소리 나요. 앞 글자의 받침이 ㅅ, ㅆ, ㅈ, ㅊ, ㅌ일 때, 뒷 글자의 첫 자음 ㄱ, ㄷ, ㅂ, ㅅ, ㅈ은 [ㄲ, ㄸ, ㅃ, ㅆ, ㅉ]과 같이 된소리가 나지요. 하지만 쓸 때는 원래 자음을 그대로 살려서 써야 해요.

⭐ 낱말을 소리 내어 읽고, 맞춤법에 맞게 따라 쓰세요.

① 곶감 [곧깜] ➡ 곶 감

② 낮잠 [낟짬] ➡ 낮 잠

③ 돌솥밥 [돌솓빱] ➡ 돌 솥 밥

맞춤법 **따라 쓰기**

★ 문장을 소리 내어 읽고, 맞춤법에 맞게 따라 쓰세요.

1
돛단배 는 바람을 좋아해요.
[돋딴배]

2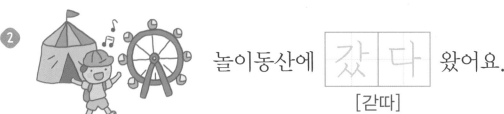
놀이동산에 갔다 왔어요.
[갇따]

3
팥빙수 에 우유를 넣어요.
[팓삥수]

4
꿀벌이 꽃가루 를 모아요.
[꼳까루]

5
갓길 옆에 개나리가 피어 있어요.
[가ː낄/갇ː낄]

6
친구가 장난감을 샀다고 자랑해요.
[삳따고]

1 맞춤법에 맞게 쓴 문장을 골라 ○표 하세요.

①

- 점심을 먹고 <u>낟짬</u>을 자요. (　　　)
- 점심을 먹고 <u>낮잠</u>을 자요. (　　　)

②

- <u>햇감자</u>로 부침개를 만들어요. (　　　)
- <u>핸깜자</u>로 부침개를 만들어요. (　　　)

③

- 날씨가 더워서 <u>팥삥수</u>를 먹었어요. (　　　)
- 날씨가 더워서 <u>팥빙수</u>를 먹었어요. (　　　)

2 밑줄 친 낱말을 맞춤법에 맞게 고쳐 쓰세요.

①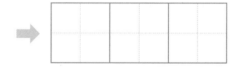

<u>꼳까루</u>가 날아다녀요.

➡ | | | | |
|---|---|---|---|

②

책을 <u>사따고</u> 칭찬을 들었어요.

➡ | | | |
|---|---|---|

★ 유진이가 준영이에게 쓴 편지를 읽고, 아래 질문에 답해 보세요.

준영이에게

준영아, 안녕!

나는 주말에 할머니 댁에 ❶갇따 왔어.

할머니가 ❷돌손빱도 만들어 주시고, ❸곧깜도 싸 주셨어.

이따 점심시간에 같이 나누어 먹자.

그럼 이따 봐!

– 유진이가

3 맞춤법에 맞지 않은 낱말을 바르게 고쳐 쓰세요.

❶ 갇따 ➡ 　　

❷ 돌손빱 ➡ 　　　

❸ 곧깜 ➡

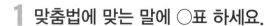

맞춤법 + 받아쓰기 평가 4

1 맞춤법에 맞는 말에 ○표 하세요.

❶ 시골에서 (**옥쑤수** / **옥수수**)를 땄어요.

❷ (**보름달** / **보름딸**) 보며 소원을 빌어요.

❸ (**입싸귀** / **잎사귀**)가 노랗게 물들었어요.

2 밑줄 친 낱말을 바르게 고쳐 쓰세요.

❶ <u>곧깜</u>이 주렁주렁 매달려 있어요.

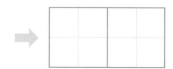

❷ <u>담뼈락</u>에 나비가 앉았어요.

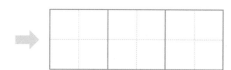

띄어쓰기 더하기

[수는 만 단위로 띄어 써요.]

수를 적을 때는 만 단위로 띄어 써요. 예를 들어 '26'은 '스물여섯', '5370'은 '오천삼백칠십'으로 붙여 쓰지만, '143,820'과 같이 만보다 큰 수를 쓸 때는 '십사만 삼천팔백이십'처럼 만 단위로 띄어 써야 해요. 만 보다 작은 수는 모두 붙여 쓰면 된답니다.

⭐ 오른쪽 QR 코드를 찍어 불러 주는 말을 잘 듣고, 받아쓰세요.

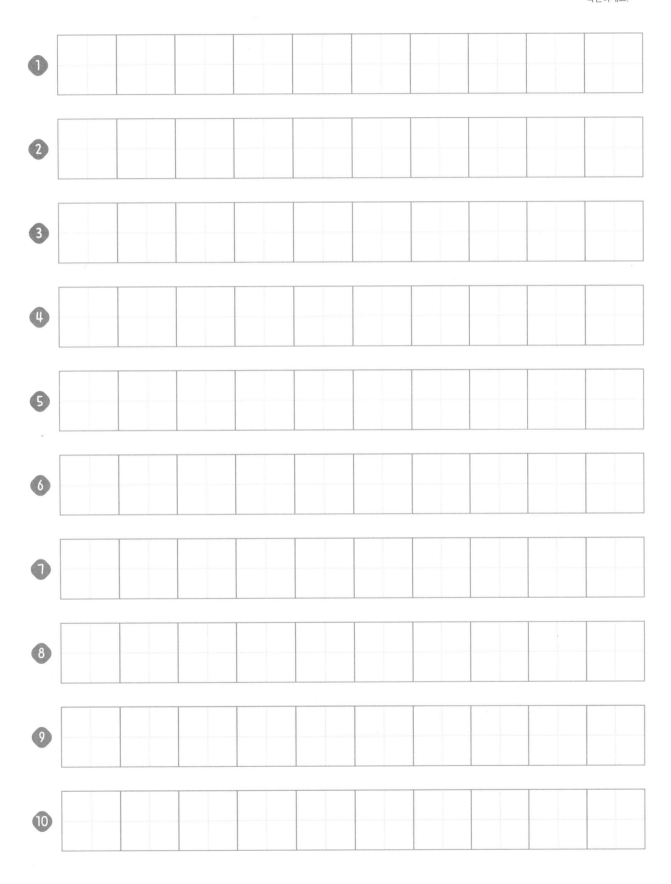

❶

❷

❸

❹

❺

❻

❼

❽

❾

❿

뜻에 맞게 구별해서 써야 하는 말

모양은 비슷하지만, 뜻이 다른 말이 있어요.
그래서 서로 바꾸어 사용하거나 구분하지 않고 사용하기도 해요.
이러한 말을 쓸 때는 뜻을 제대로 알고 헷갈리지 않게 사용해야 한답니다.

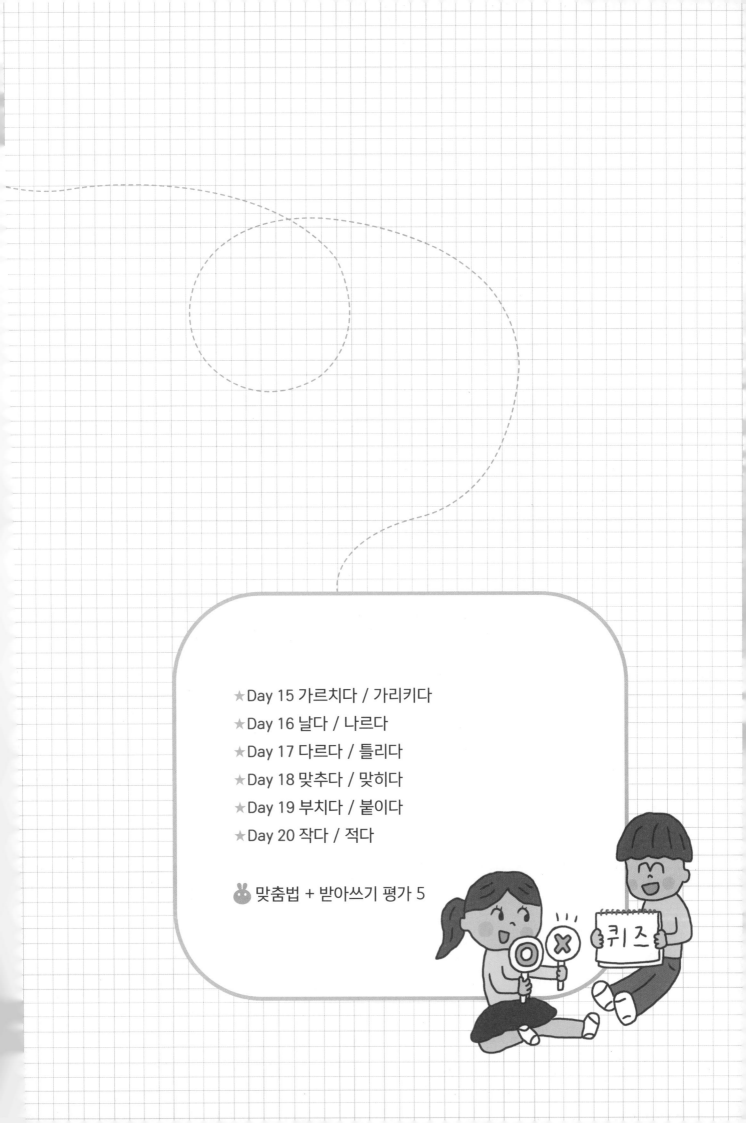

가르치다 / 가리키다

門化光

내가 가리키는 간판 글자를 읽어 줘.

응, 내가 어떻게 읽는지 가르쳐 줄게.

광화문

가르치다

뜻풀이 지식이나 기능 등을 깨닫게 하거나 익히게 하다.

활용 동생에게 한글을 가르치다.

가리키다

뜻풀이 손가락 등으로 어떤 방향이나 대상을 집어서 보이거나 알리다.

활용 손가락으로 하늘을 가리키다.

★ **낱말을 소리 내어 읽고, 바르게 따라 쓰세요.**

가	르	치	다

가	리	키	다

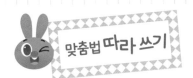

15일 학습 끝!

붙임 딱지를 붙여요.

★ 다음 그림을 보고, 문장에 알맞은 말을 골라서 따라 쓰세요.

선생님이 수학을

| 가 | 르 | 치 | 다 | . |
| 가 | 리 | 키 | 다 | . |

아기가 풍선을

| 가 | 르 | 치 | 다 | . |
| 가 | 리 | 키 | 다 | . |

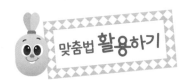

1 밑줄 친 말이 바르게 쓰인 것에는 ○표, 잘못 쓰인 것에는 ✕표 하세요.

❶ 아기가 손가락으로 음식을 <u>가르쳐요</u>.　　　　(　　　)

❷ 동생에게 줄넘기하는 방법을 <u>가르쳐요</u>.　　　(　　　)

2 뜻에 맞게 쓰인 말에 ○표 하세요.

❶ 화살표가 (가리키는 / 가르치는) 방향을 따라가요.

❷ 엄마가 한글을 (가리켜 / 가르쳐) 주셨어요.

날다 / 나르다

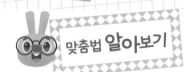

맞춤법 **알아보기**

날다	나르다
뜻풀이 공중에 떠서 어떤 위치에서 다른 위치로 움직이다.	**뜻풀이** 물건을 한 곳에서 다른 곳으로 옮기다.
활용 참새가 하늘을 날다.	**활용** 아빠가 이삿짐을 나르다.

★ **낱말을 소리 내어 읽고, 바르게 따라 쓰세요.**

날	다

나	르	다

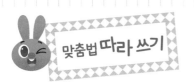
맞춤법 **따라 쓰기**

⭐ 문장을 소리 내어 읽고, 맞춤법에 맞게 따라 쓰세요.

①

꿀벌이 꽃 위를 | 날 | 다 | .

②

언니가 화분을 | 나 | 르 | 다 | .

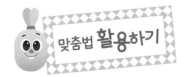
맞춤법 **활용하기**

1 밑줄 친 말이 바르게 쓰인 것에는 ○표, 잘못 쓰인 것에는 ✕표 하세요.

① 비둘기가 하늘을 <u>날아요</u>. 　　　　　(　　)

② 아빠가 반찬을 식탁으로 <u>날아요</u>. 　　(　　)

2 뜻에 맞게 쓰인 말에 ○표 하세요.

① 풍선이 하늘로 (**날아갔어요** / **날라갔어요**).

② 할머니의 짐을 (**날아** / **날라**) 드렸어요.

다르다 / 틀리다

맞춤법 **알아보기**

네 거랑 내 거랑 모양은 같은데, 색이 다르네?

응, 그런데 이것 좀 봐! 가격표에 숫자가 틀렸어!

다르다

뜻풀이 비교되는 두 대상이 서로 같지 않다.

활용 신발 모양이 다르다.

틀리다

뜻풀이 셈이나 사실 등이 잘못되거나 어긋나다.

활용 동생의 뺄셈 답이 틀리다.

★ **낱말을 소리 내어 읽고, 바르게 따라 쓰세요.**

다 르 다

틀 리 다

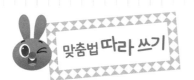
맞춤법 **따라 쓰기**

★ 다음 그림을 보고, 문장에 알맞은 말을 골라서 따라 쓰세요.

①  　머리 색이

②  　받아쓰기 답이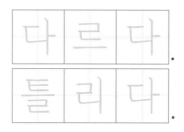

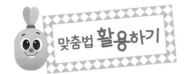
맞춤법 **활용하기**

1 밑줄 친 말이 바르게 쓰인 것에는 ○표, 잘못 쓰인 것에는 ✕표 하세요.

① 누나와 나는 학교가 <u>달라요</u>. 　　　　(　　　)

② 무지개는 색이 각각 <u>틀려요</u>. 　　　　(　　　)

2 뜻에 맞게 쓰인 말에 ○표 하세요.

① 고래와 상어의 (**다른** / **틀린**) 점을 찾아요.

② 수학 시험지에 (**다른** / **틀린**) 답을 적었어요.

맞추다 / 맞히다

맞춤법 **알아보기**

우리 빨리 퍼즐을 맞추자.

퀴즈 정답을 맞히면 선물로 사탕을 줄게.

퀴즈

맞추다	맞히다
뜻풀이 서로 떨어져 있는 부분을 제자리에 맞게 붙이다.	**뜻풀이** 문제에 대한 답을 틀리지 않게 하다.
활용 퍼즐 조각을 맞추다.	**활용** 퀴즈 정답을 맞히다.

★ **낱말을 소리 내어 읽고, 바르게 따라 쓰세요.**

맞추다   맞히다

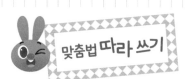 맞춤법 **따라 쓰기**

 18일 학습 끝!

붙임 딱지를 붙여요.

★ 문장을 소리 내어 읽고, 맞춤법에 맞게 따라 쓰세요.

❶  자동차 장난감 부품을 | 맞 | 추 | 다 |.

❷  받아쓰기 문제를 모두 | 맞 | 히 | 다 |.

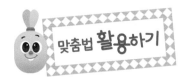 맞춤법 **활용하기**

1 밑줄 친 말이 바르게 쓰인 것에는 ○표, 잘못 쓰인 것에는 ✕표 하세요.

❶ 깨진 유리 조각을 <u>맞추어</u> 붙여요.   (   )

❷ 제가 좋아하는 음식을 <u>맞춰</u> 보세요.   (   )

2 빈칸에 들어갈 알맞은 낱말을 찾아 선으로 이으세요.

❶ 수수께끼를 [   ]   •   • ㉠ 맞춰요.

❷ 창문을 창문틀에 [   ]   •   • ㉡ 맞혀요.

부치다 / 붙이다

부치다

뜻풀이 편지나 물건을 일정한 수단과 방법으로 상대에게 보내다.

활용 할머니께 편지를 부치다.

붙이다

뜻풀이 맞닿아 떨어지지 않게 하다.

활용 공책에 스티커를 붙이다.

★ 낱말을 소리 내어 읽고, 바르게 따라 쓰세요.

부	치	다

붙	이	다

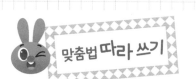
맞춤법 **따라 쓰기**

19일 학습 끝!

붙임 딱지를 붙여요.

⭐ 문장을 소리 내어 읽고, 맞춤법에 맞게 따라 쓰세요.

선물을 택배로 부치다.

상처에 반창고를 붙이다.

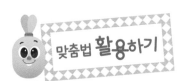
맞춤법 **활용하기**

1 뜻에 맞게 쓰인 말에 ○표 하세요.

① 도화지에 사진을 풀로 (붙여요 / 부쳐요).

② 우체국에서 편지를 (붙였어요 / 부쳤어요).

2 빈칸에 들어갈 알맞은 낱말을 찾아 선으로 이으세요.

① 벽에 그림을 ☐　•

② 집으로 소포를 ☐　•

• ㉠ 부쳐요.

• ㉡ 붙여요.

작다 / 적다

나는 기린보다 키가 작아.

흰색 새 2마리, 분홍색 새 4마리가 있어.

흰색 새가 분홍색 새보다 2마리 적어.

작다	적다
뜻풀이 물건의 길이, 부피, 높이 등의 크기가 보통보다 못하다.	**뜻풀이** 물건의 개수나 분량이 보통보다 못하다.
활용 개미는 코끼리보다 작다.	**활용** 과자 양이 적다.

★ 낱말을 소리 내어 읽고, 바르게 따라 쓰세요.

작 다

적 다

공부한 날짜   월   일

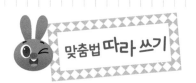

맞춤법 **따라 쓰기**

⭐ 다음 그림을 보고, 문장에 알맞은 말을 골라서 따라 쓰세요.

①    발이 커져서 신발이

작	다

.

적	다

.

②    나는 형보다 나이가

작	다

.

적	다

.

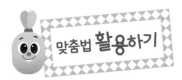

맞춤법 **활용하기**

1 밑줄 친 말이 바르게 쓰인 것에는 ○표, 잘못 쓰인 것에는 ✕표 하세요.

① 내 손은 오빠 손보다 <u>적어요</u>.   (   )

② 빵이 <u>작아서</u> 한입에 먹었어요.   (   )

2 뜻에 맞게 쓰인 말에 ○표 하세요.

① 배가 불러서 (**작게** / **적게**) 먹었어요.

② 글씨가 (**작아서** / **적어서**) 잘 안 보여요.

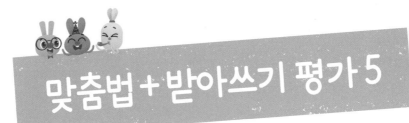

맞춤법＋받아쓰기 평가 5

1 뜻에 맞게 쓰인 말에 ○표 하세요.

① 참새가 하늘을 (**날아요** / **날라요**).

② 나와 동생은 (**다르게** / **틀리게**) 생겼어요.

③ 다이어리에 스티커를 (**부쳐요** / **붙여요**).

2 빈칸에 들어갈 말을 보기에서 골라 쓰세요.

보기	작아	가르쳐	틀린

① 신발이 [　　] 졌어요.

② 몇 시인지 [　　　] 주세요.

③ 누나랑 [　　] 그림 찾기를 했어요.

띄어쓰기 더하기 ✛

[이름을 부를 때 쓰는 말은 어떻게 띄어 쓸까요?]

다른 사람의 이름을 부를 때는 '군, 양, 님, 씨' 등을 쓸 수 있어요. 이름 뒤에 쓰는 말은 '김영준 군'과 같이 띄어 써요. 또, '의사, 경찰'처럼 직업을 나타내는 말, '사장, 대표'처럼 직급을 나타내는 말도 앞에 오는 말과 띄어 써야 한답니다.

정답은 110쪽을
확인하세요.

내용 듣기

⭐ 오른쪽 QR 코드를 찍어 불러 주는 말을 잘 듣고, 받아쓰세요.

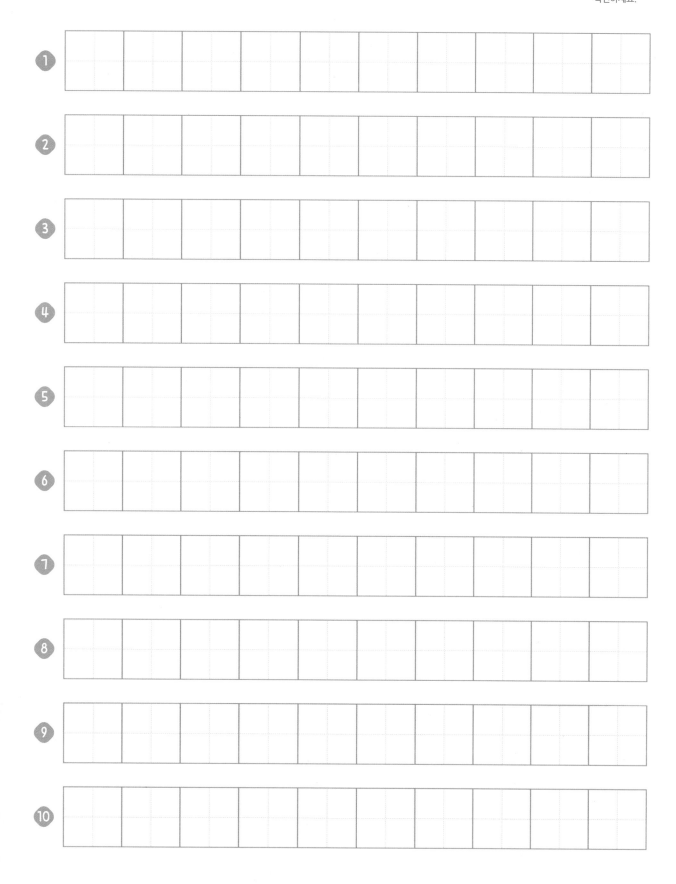

1

2

3

4

5

6

7

8

9

10

정답

⭐ 쪽수를 잘 보고 정답을 확인해 보세요.

1. 받침이 뒤로 넘어가서 소리 나는 말 ①

Day 01 ㄱ 받침이 뒤로 넘어가서 소리 나는 말 16, 17쪽

1 ❶
- 재미있는 국어 공부를 해요. (○)
- 재미있는 구거 공부를 해요. (   )

❷
- 저녁게 줄넘기를 했어요. (   )
- 저녁에 줄넘기를 했어요. (○)

❸
- 강아지 사진을 찍어요. (○)
- 강아지 사진을 찌거요. (   )

2 ❶
먹	이

❷
낙	엽

❸
악	어

3 ❶
목	요	일

❷
거	북	이

❸
작	아	서

Day 02 ㄴ 받침이 뒤로 넘어가서 소리 나는 말 20, 21쪽

1 ❶
- 기린은 목이 길어요. (○)
- 기리는 목이 길어요. (   )

❷
- 친구들과 공워네 가요. (   )
- 친구들과 공원에 가요. (○)

❸
- 용돈으로 떡볶이를 사 먹어요. (○)
- 용도느로 떡볶이를 사 먹어요. (   )

2 ❶
인	어

❷
신	어	요

3 ❶
어	린	이

❷
군	인

❸
연	예	인

Day 03 ㄷ, ㄹ 받침이 뒤로 넘어가서 소리 나는 말 24, 25쪽

1 ❶
- ㉠ 산으로 나드리를 가요.
- ㉡ 산으로 나들이를 가요.

❷
- ㉠ 땅에 보물 상자를 묻어요.
- ㉡ 땅에 보물 상자를 무더요.

2 ❶
뜯	어	요

❷
길	어	요

❸
받	아	쓰	기

3 ❶
할	아	버	지

❷
귀	걸	이

❸
믿	어	요

Day 04 ㅁ, ㅂ 받침이 뒤로 넘어가서 소리 나는 말 28, 29쪽

1 ❶
- 동시집을 읽어요. (⭕)
- 동시지블 읽어요. ( )

❷
- 그릇에 바블 담아요. ( )
- 그릇에 밥을 담아요. (⭕)

❸
- 고양이가 잠을 쿨쿨 자요. (⭕)
- 고양이가 자믈 쿨쿨 자요. ( )

2 ❶ | 참 | 외 |

❷ | 음 | 악 |

❸ | 길 | 잡 | 이 |

3 ❶ | 구 | 름 | 이 |

❷ | 입 | 어 | 요 |

❸ | 손 | 잡 | 이 |

맞춤법＋받아쓰기 평가 1 30, 31쪽

1 ❶ 땅에서 새싹이 (**돋아요** / 도다요).

❷ 몸에 땀이 나서 (모곡 / **목욕**)을 했어요.

❸ 컵에 (**얼음** / 어름)이 가득 담겨 있어요.

2 ❶ | 놀 | 이 | 터 |

❷ | 목 | 요 | 일 |

★ 오른쪽 QR 코드를 찍어 불러 주는 말을 잘 듣고, 받아쓰세요.
내용 듣기
정답은 103쪽을
확인하세요.

❶ | 악 | 어 | | | | | | |

❷ | 어 | 린 | 이 | | | | | |

❸ | 손 | 잡 | 이 | | | | | |

❹ | 할 | 아 | 버 | 지 | | | | |

❺ | 국 | 어 | V | 공 | 부 | | | |

❻ | 낮 | 잠 | 을 | V | 자 | 요 | . | |

❼ | 사 | 진 | 을 | V | 찍 | 어 | 요 | . |

❽ | 야 | 구 | 공 | 을 | V | 잡 | 아 | 요 | . |

❾ | 선 | 물 | V | 포 | 장 | 을 | V | 뜯 | 어 | 요 | . |

❿ | 기 | 린 | 은 | V | 목 | 이 | V | 길 | 어 | 요 | . |

2. 받침이 뒤로 넘어가서 소리 나는 말 ②

Day 05 ㅅ, ㅈ, ㅊ 받침이 뒤로 넘어가서 소리 나는 말
36, 37쪽

1 ❶
- 물컵을 깨끗이 씨서요. ( )
- 물컵을 깨끗이 씻어요. (⭕)

❷
- 잃어버린 반지를 찾아요. (⭕)
- 잃어버린 반지를 차자요. ( )

❸
- 좀비가 쪼차오는 꿈을 꿨어요. ( )
- 좀비가 쫓아오는 꿈을 꿨어요. (⭕)

2 ❶ | 책 | 꽂 | 이 |

❷ | 웃 | 음 | 소 | 리 |

3 ❶ | 낮 | 에 |

❷ | 꽃 | 이 |

❸ | 맛 | 있 | 는 |

Day 07 ㄲ, ㅆ 받침이 뒤로 넘어가서 소리 나는 말
44, 45쪽

1 ❶ 잔디를 (**깎아요**/ 까까요).

❷ 생일 축하 편지를 (써써요 /**썼어요**).

Day 06 ㅋ, ㅌ, ㅍ 받침이 뒤로 넘어가서 소리 나는 말
40, 41쪽

1 ❶

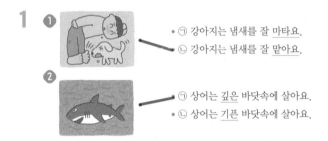

• ㉠ 강아지는 냄새를 잘 마타요.
• ㉡ 강아지는 냄새를 잘 <u>맡아</u>요.

❷

• ㉠ 상어는 <u>깊은</u> 바닷속에 살아요.
• ㉡ 상어는 기픈 바닷속에 살아요.

2 ❶ 엄마와 함께 (**부엌에서**/ 부어케서) 요리를 해요.
❷ 식탁 (미트로 /**밑으로**) 당근이 떨어졌어요.
❸ 빨리 음식을 먹고 (시퍼요 /**싶어요**).

2 ❶ | 탔 | 어 | 요 |

❷ | 잤 | 어 | 요 |

❸ | 밖 | 에 |

3 ❶ | 떡 | 볶 | 이 |

❷ | 준 | 비 | 됐 | 으 | 면 |

❸ | 섞 | 어 | 요 |

3 ❶ | 숲 | 으 | 로 |

❷ | 높 | 이 |

❸ | 밑 | 으 | 로 |

맞춤법+받아쓰기 평가 2 46, 47쪽

1 ❶ 손전등으로 (**빛을**/ 비출)

| 빛 | 을 | 비춰요.

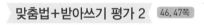

❷ 신발 굽이 (노파서 /**높아서**)

| 높 | 아 | 서 | 키가 커 보여요.

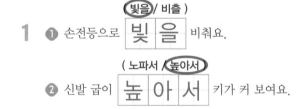

2 ❶ | 갔 | 어 | 요 |

❷ | 떡 | 볶 | 이 |

★ 오른쪽 QR 코드를 찍어 불러 주는 말을 잘 듣고, 받아쓰세요.

❶ 높 이
❷ 볶 음 밥
❸ 달 맞 이
❹ 웃 음 소 리
❺ 맛 있 는 ∨ 토 마 토
❻ 배 를 ∨ 탔 어 요 .
❼ 잔 디 를 ∨ 깎 아 요 .
❽ 잠 옷 을 ∨ 입 어 요 .
❾ 밭 에 ∨ 물 을 ∨ 줘 요 .
❿ 손 을 ∨ 깨 끗 이 ∨ 닦 아 요 .

3. 받침이 대표 소리로 나는 말

Day 08 받침이 대표 소리 [ㄱ]으로 나는 말 52, 53쪽

1
❶ • 새벽녁 하늘은 어두워요. (　)
　• 새벽녘 하늘은 어두워요. (○)

❷ • 나뭇가지를 꺽찌 마세요. (　)
　• 나뭇가지를 꺾지 마세요. (○)

❸ • 이를 닦고 세수를 해요. (○)
　• 이를 닥꼬 세수를 해요. (　)

2
❶ 서 녁
❷ 창 밖
❸ 키 읔

3
❶ 가 족
❷ 낚 시
❸ 닭 고

Day 09 받침이 대표 소리 [ㄷ]으로 나는 말 56, 57쪽

1
❶ • 모래성에 깃발을 꽂아요. (○)
　• 모래성에 긷빨을 꽂아요. (　)

❷ • 아빠는 단팥빵을 좋아해요. (○)
　• 아빠는 단팓빵을 좋아해요. (　)

2
❶ 가 마 솥
❷ 호 박 엿
❸ 젖

3
❶ 벚 꽃
❷ 몇
❸ 돗 자 리

Day 10 받침이 대표 소리 [ㅂ]으로 나는 말 60, 61쪽

1

①  (**짚신** / 집신) 하나가 없어졌어요.

② (배꿒 / **배꼽**)이 빠지게 웃어요.

2

① 숲

② 무 릎

③ 옆 구 리

3

① 앞 치 마

② 덮 개

③ 헝 겊

맞춤법+받아쓰기 평가 3 62, 63쪽

1

① 배를 타고 (**낚시** / 낙씨)를 해요.

② 만두를 (그른 / **그릇**)에 담아요.

③ (**숲** / 숩)에서 토끼가 세수를 해요.

2

① 부 억

② 가 마 솥

★ 오른쪽 QR 코드를 찍어 불러 주는 말을 잘 듣고, 받아쓰세요.

① 꽃

② 짚 신

③ 깃 발

④ 새 벽 녘

⑤ 무 릎 ∨ 보 호 대

⑥ 배 꼽 ∨ 인 사 를 ∨ 해 요 .

⑦ 물 을 ∨ 닦 고 ∨ 나 가 요 .

⑧ 숲 에 ∨ 요 정 이 ∨ 살 아 요 .

⑨ 창 밖 에 ∨ 눈 이 ∨ 내 려 요 .

⑩ 시 장 에 서 ∨ 엿 을 ∨ 사 요 .

4. 된소리가 나는 말

Day 11 ㄱ, ㄷ, ㅂ 받침 뒤에 나는 된소리 68, 69쪽

1

①
• 바나나가 접시에 있어요. (○)
• 바나나가 접씨에 있어요. (   )

②
• 약꾹에서 마스크를 사요. (   )
• 약국에서 마스크를 사요. (○)

③
• 돋보기로 개미를 관찰해요. (○)
• 돋뽀기로 개미를 관찰해요. (   )

2

① 답 장

② 택 배

3 ① | 옥 | 수 | 수 |

② | 국 | 자 |

③ | 깍 | 두 | 기 |

---

1 ①

- 발빠닥을 깨끗이 씻어요. ( )
- 발바닥을 깨끗이 씻어요. (◯)

②
- 빵집에서 케이크를 샀어요. (◯)
- 빵찝에서 케이크를 샀어요. ( )

③
- 동생에게 글짜를 알려 줘요. ( )
- 동생에게 글자를 알려 줘요. (◯)

2 ① | 보 | 름 | 달 |

② | 담 | 벼 | 락 |

③ | 눈 | 사 | 람 |

3 ① | 방 | 바 | 닥 |

② | 밀 | 가 | 루 |

③ | 김 | 밥 |

---

1 ①
다람쥐가 (◯옆집 / 엽찝)에 놀러 가요.

②
토끼는 (입싸귀 /◯잎사귀)를 좋아해요.

③
머리카락을 (◯묶고 / 묵꼬) 밥을 먹어요.

2 ① | 덮 | 밥 |

② | 부 | 엌 | 과 |

3 ① | 옆 | 구 | 리 |

② | 덮 | 개 |

③ | 닭 | 기 |

---

1 ①
- 점심을 먹고 낟잠을 자요. ( )
- 점심을 먹고 낮잠을 자요. (◯)

②
- 햇감자로 부침개를 만들어요. (◯)
- 핻깜자로 부침개를 만들어요. ( )

③
- 날씨가 더워서 팥삥수를 먹었어요. ( )
- 날씨가 더워서 팥빙수를 먹었어요. (◯)

2 ① | 꽃 | 가 | 루 |

② | 샀 | 다 | 고 |

3 ❶

갔	다

❷

돌	솥	밥

❸

곶	감

맞춤법+받아쓰기 평가 4 82, 83쪽

1 ❶ 시골에서 (옥쑤수 / (옥수수))를 땄어요.

❷ ((보름달) / 보름딸) 보며 소원을 빌어요.

❸ (입싸귀 / (잎사귀))가 노랗게 물들었어요.

2 ❶

곶	감

❷

담	벼	락

내용 듣기
정답은 108쪽을
확인하세요

★ 오른쪽 QR 코드를 찍어 불러 주는 말을 잘 듣고, 받아쓰세요.

❶

약	국								

❷

옆	구	리							

❸

햇	감	자							

❹

눈	사	람							

❺

김	밥	과	∨	라	면				

❻

악	기	를	∨	연	주	해	요	.	

❼

숲	속	∨	공	기	가	∨	좋	아	요.

❽

귤	을	∨	접	시	에	∨	담	아	요.

❾

빵	집	에	서	∨	빵	을	∨	사	요.

❿

가	족	∨	사	진	을	∨	찍	어	요.

5. 뜻에 맞게 구별해서 써야 하는 말

Day 15 가르치다 / 가리키다 87쪽

❶ 선생님이 수학을

가	르	치	다	.

가	리	키	다	

❷ 아기가 풍선을

가	르	치	다	

가	리	키	다	.

1 ❶ 아기가 손가락으로 음식을 <u>가르쳐요</u>. (✕)

❷ 동생에게 줄넘기하는 방법을 <u>기르쳐요</u>. (◯)

2 ❶ 화살표가 ((가리키는) / 가르치는) 방향을 따라가요.

❷ 엄마가 한글을 (가리켜 / (가르쳐))주셨어요.

Day 16 날다 / 나르다 89쪽

1 ❶ 비둘기가 하늘을 <u>날아요</u>. (◯)

❷ 아빠가 반찬을 식탁으로 <u>날아요</u>. (✕)

2 ❶ 풍선이 하늘로 ((날아갔어요) / 날라갔어요).

❷ 할머니의 짐을 (날아 / (날라)) 드렸어요.

Day 17 다르다 / 틀리다 `91쪽`

① 머리 색이 `다르다`
`틀리다`

② 받아쓰기 답이 `다르다`
틀리다

1 ① 누나와 나는 학교가 <u>달라요</u>.　　　(◯)

　　② 무지개는 색이 각각 <u>틀려요</u>.　　　(✗)

2 ① 고래와 상어의 (**다른** / 틀린) 점을 찾아요.

　　② 수학 시험지에 (다른 / **틀린**) 답을 적었어요.

Day 18 맞추다 / 맞히다 `93쪽`

1 ① 깨진 유리 조각을 <u>맞추어</u> 붙여요.　(◯)

　　② 제가 좋아하는 음식을 <u>맞춰</u> 보세요.　(✗)

2 ① 수수께끼를 [　　] ───── ㉠ 맞춰요.

　　② 창문을 창문틀에 [　　] ───── ㉡ 맞혀요.

(① 연결 ㉡ 맞혀요, ② 연결 ㉠ 맞춰요)

Day 19 부치다 / 붙이다 `95쪽`

1 ① 도화지에 사진을 풀로 (**붙여요** / 부쳐요).

　　② 우체국에서 편지를 (붙였어요 / **부쳤어요**).

2 ① 벽에 그림을 [　　] ───── ㉠ 부쳐요.

　　② 집으로 소포를 [　　] ───── ㉡ 붙여요.

(① 연결 ㉡ 붙여요, ② 연결 ㉠ 부쳐요)

Day 20 작다 / 적다 `97쪽`

① 발이 커져서 신발이 `작다`
`적다`

② 나는 형보다 나이가 `작다`
적다

1 ① 내 손은 오빠 손보다 <u>적어요</u>.　　(✗)

　　② 빵이 <u>작아서</u> 한입에 먹었어요.　　(◯)

2 ① 배가 불러서 (작게 / **적게**) 먹었어요.

　　② 글씨가 (**작아서** / 적어서) 잘 안 보여요.

맞춤법+받아쓰기 평가 5 `98, 99쪽`

1 ① 참새가 하늘을 (**날아요** / 날라요).

　　② 나와 동생은 (**다르게** / 틀리게) 생겼어요.

　　③ 다이어리에 스티커를 (부쳐요 / **붙여요**).

2 ① | 작 | 아 |

　　② | 가 | 르 | 쳐 |

　　③ | 틀 | 린 |

★ 오른쪽 QR 코드를 찍어 불러 주는 말을 잘 듣고, 받아쓰세요.

① 맞추다

② 맞히다

③ 가르치다

④ 가리키다

⑤ 짐을 ∨ 날라요.

⑥ 하늘을 ∨ 날아요.

⑦ 택배를 ∨ 부쳐요.

⑧ 나는 ∨ 손이 ∨ 작아요.

⑨ 과자 ∨ 양이 ∨ 적어요.

⑩ 신발 ∨ 모양이 ∨ 달라요.

세마리 토끼 잡는 쓰기

⭐ 하루 공부가 끝나는 곳에 붙임 딱지를 붙여 주세요.

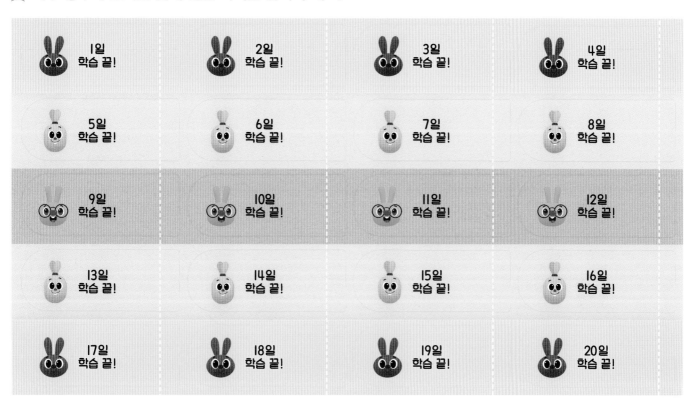

1일 학습 끝!	2일 학습 끝!	3일 학습 끝!	4일 학습 끝!
5일 학습 끝!	6일 학습 끝!	7일 학습 끝!	8일 학습 끝!
9일 학습 끝!	10일 학습 끝!	11일 학습 끝!	12일 학습 끝!
13일 학습 끝!	14일 학습 끝!	15일 학습 끝!	16일 학습 끝!
17일 학습 끝!	18일 학습 끝!	19일 학습 끝!	20일 학습 끝!

① 붙임 딱지의 왼쪽 끝을 책의 붙임 딱지 붙이는 자리에 잘 맞추어 붙이세요.
② 붙이고 남은 부분은 점선을 따라 접어 뒤로 붙이세요.
③ 붙임 딱지를 붙인 모습이에요.

⭐ 스티커로 '받아쓰기 왕 상장'을 자유롭게 꾸며 보세요.

NE 능률

세 마리 토끼 잡는 쓰기

맞춤법+받아쓰기 1

| 받아쓰기 15회 |

★ 스마트폰으로 QR 코드를 찍어 내용을 듣고 받아쓰기 연습을 시작해요.

★ 데이터 환경이 원활하지 않거나 받아쓰기 내용을 직접 불러 주고 싶은 경우에는 맨 뒷장의 '1~15회 받아쓰기 정답'을 활용하세요.

★ 정답을 확인하고 틀린 문제는 한 번 따라 쓰며 익혀요.

★ 받아쓰기 15회를 끝내면 '받아쓰기 왕 상장'을 받을 수 있어요.

받아쓰기를 하기 전에 꼭 지켜야 할 것

1. 바른 자세로 앉기

❶ 의자 끝까지 엉덩이를 넣고
   등을 등받이에 붙인 후 허리를 곧게 폅니다.

❷ 다리를 어깨너비만큼 가지런히 모으고,
   두 발이 바닥에 닿도록 합니다.

❸ 고개를 살짝 숙이고 책과 눈의 거리를
   30~40㎝ 정도로 유지합니다.

❹ 두 팔을 책상 위에 올리고, 글씨를 쓰지 않는
   손으로 책이 움직이지 않게 누릅니다.

2. 연필 바르게 잡기

❶ 엄지손가락과 집게손가락을 둥글게 해서 잡아요.

❷ 연필심에서 2.5~3㎝ 정도 떨어진 곳을
   가볍게 잡아요.

❸ 연필과 종이는 각도가 60도 정도로 유지해요.

1회 받아쓰기

QR 찍고 내용 듣기

오른쪽 QR코드를 찍어 불러 주는 말을 잘 듣고, 받아쓰세요.

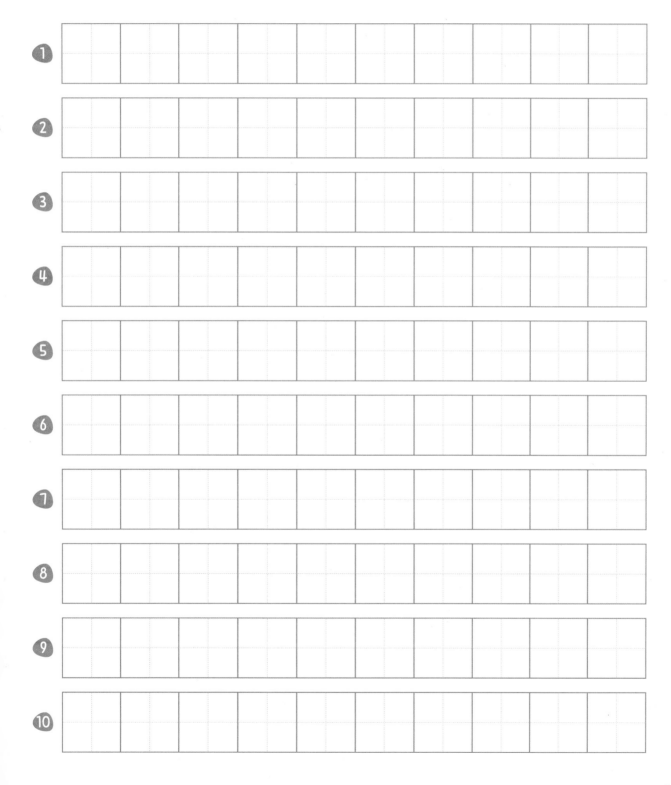

1

2

3

4

5

6

7

8

9

10

정답 및 따라 쓰기

 정답을 확인하고, 틀린 글자를 다시 써 보세요.

① 낙 엽

② 저 녁

③ 놀 이 터

④ 팥 빙 수

⑤ 맛 있 는 ∨ 감 자

⑥ 물 이 ∨ 깊 어 요 .

⑦ 반 창 고 를 ∨ 붙 여 요 .

⑧ 배 꼽 ∨ 인 사 를 ∨ 해 요 .

⑨ 소 가 ∨ 밭 을 ∨ 갈 아 요 .

⑩ 그 릇 에 ∨ 밥 을 ∨ 담 아 요 .

받아쓰기

오른쪽 QR코드를 찍어 불러 주는 말을 잘 듣고, 받아쓰세요.

1

2

3

4

5

6

7

8

9

10

정답을 확인하고, 틀린 글자를 다시 써 보세요.

① | 음 | 악 | | | | | | | | | |

② | 서 | 녘 | | | | | | | | | |

③ | 곶 | 감 | | | | | | | | | |

④ | 돛 | 단 | 배 | | | | | | | | |

⑤ | 회 | 색 | ∨ | 구 | 름 | | | | | | |

⑥ | 강 | 아 | 지 | 가 | ∨ | 짖 | 어 | 요 | . | | |

⑦ | 밖 | 에 | ∨ | 비 | 가 | ∨ | 내 | 려 | 요 | . | |

⑧ | 새 | 가 | ∨ | 높 | 이 | ∨ | 날 | 아 | 요 | . | |

⑨ | 놀 | 이 | 공 | 원 | 에 | ∨ | 갔 | 어 | 요 | . | |

⑩ | 이 | 를 | ∨ | 닦 | 고 | ∨ | 세 | 수 | 해 | 요 | . |

받아쓰기

오른쪽 QR코드를 찍어 불러 주는 말을 잘 듣고, 받아쓰세요.

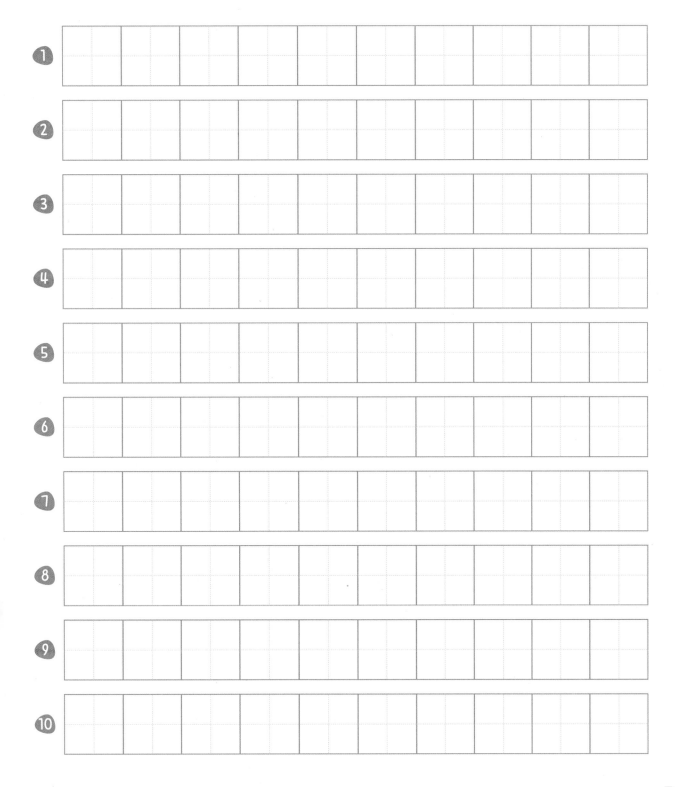

1

2

3

4

5

6

7

8

9

10

정답을 확인하고, 틀린 글자를 다시 써 보세요.

① 숲

② 입 원

③ 돗 자 리

④ 꽃 가 루

⑤ 저 녁 ∨ 식 사

⑥ 낮 잠 을 ∨ 자 요 .

⑦ 밭 에 ∨ 물 을 ∨ 줘 요 .

⑧ 오 리 ∨ 배 를 ∨ 탔 어 요 .

⑨ 벽 에 ∨ 그 림 을 ∨ 붙 여 요 .

⑩ 문 어 가 ∨ 헤 엄 을 ∨ 쳐 요 .

받아쓰기

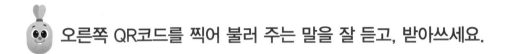
오른쪽 QR코드를 찍어 불러 주는 말을 잘 듣고, 받아쓰세요.

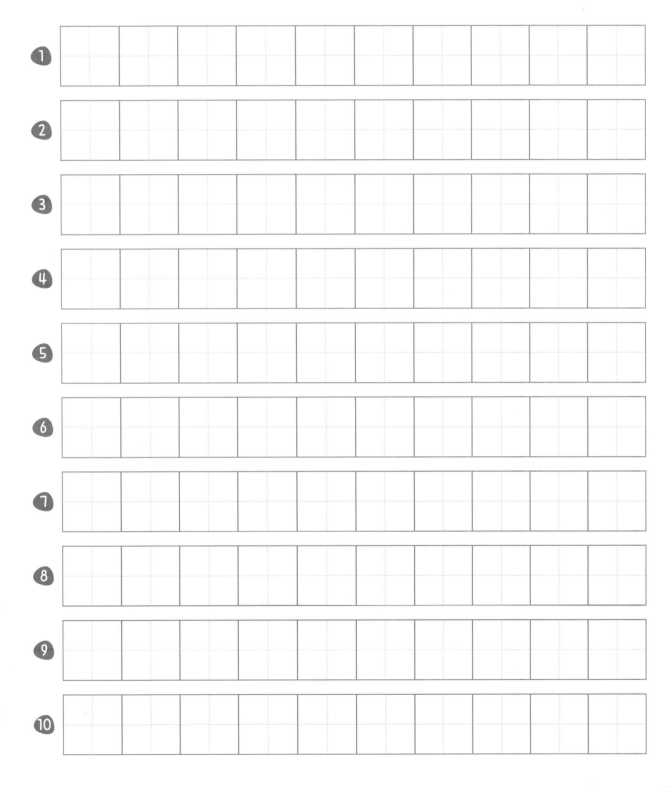

1

2

3

4

5

6

7

8

9

10

4회 정답 및 따라 쓰기

 정답을 확인하고, 틀린 글자를 다시 써 보세요.

① 손 등

② 국 어

③ 믿 음

④ 단 팥 빵

⑤ 맛 있 는 ∨ 참 외

⑥ 공 원 에 ∨ 가 요.

⑦ 용 돈 을 ∨ 받 아 요.

⑧ 동 시 집 을 ∨ 읽 어 요.

⑨ 돌 솥 밥 을 ∨ 먹 어 요.

⑩ 운 동 을 ∨ 하 고 ∨ 싶 어 요.

받아쓰기

QR 찍고 내용 듣기

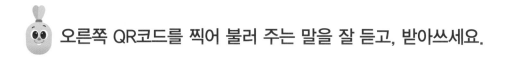
오른쪽 QR코드를 찍어 불러 주는 말을 잘 듣고, 받아쓰세요.

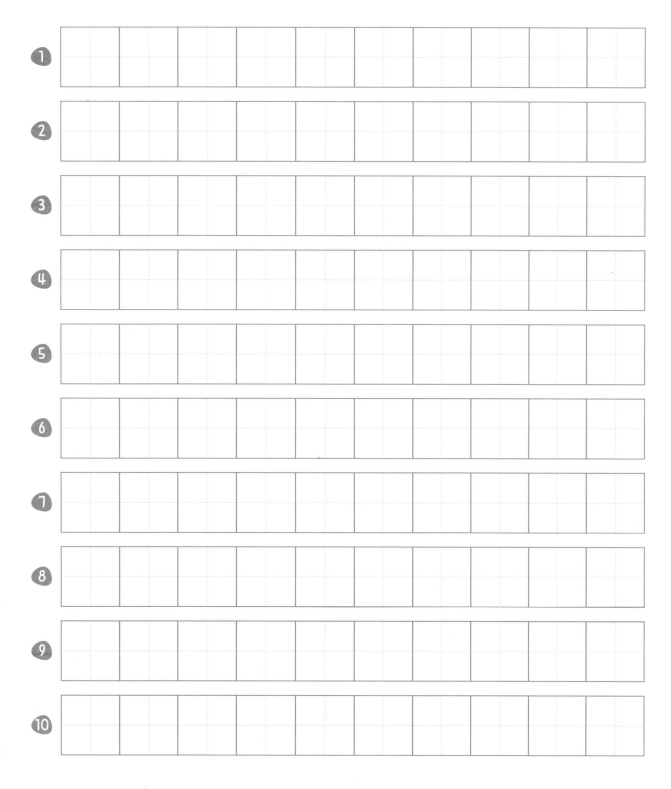

❶

❷

❸

❹

❺

❻

❼

❽

❾

❿

정답 및 따라 쓰기

 정답을 확인하고, 틀린 글자를 다시 써 보세요.

① 군인

② 거북

③ 목요일

④ 가마솥

⑤ 걷기 ∨ 운동

⑥ 물감을 ∨ 섞어요.

⑦ 모양이 ∨ 같아요.

⑧ 악어가 ∨ 아파요.

⑨ 발을 ∨ 깨끗이 ∨ 씻어요.

⑩ 동생이 ∨ 낮잠을 ∨ 자요.

오른쪽 QR코드를 찍어 불러 주는 말을 잘 듣고, 받아쓰세요.

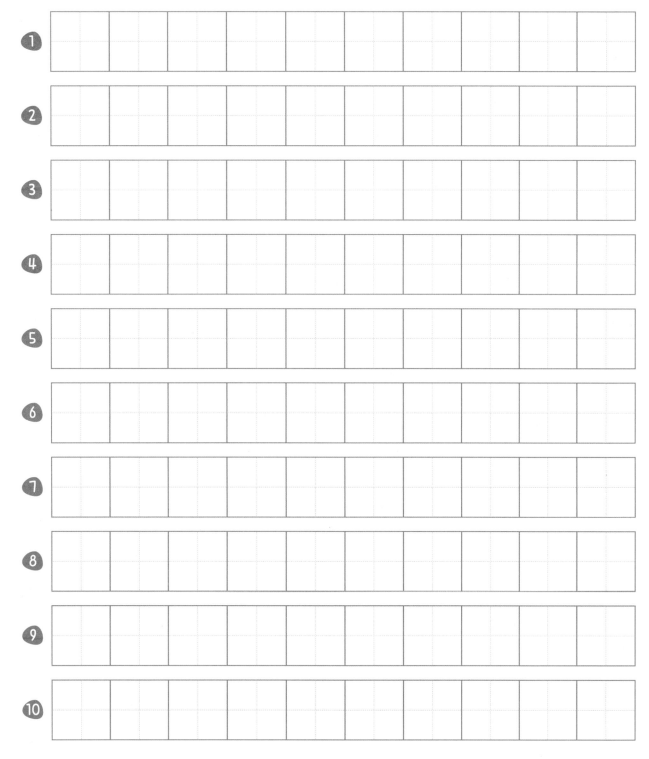

①
②
③
④
⑤
⑥
⑦
⑧
⑨
⑩

정답 및 따라 쓰기

 정답을 확인하고, 틀린 글자를 다시 써 보세요.

① 먹이

② 덮개

③ 책꽂이

④ 연예인

⑤ 부엌과 ∨ 거실

⑥ 잠을 ∨ 잤어요.

⑦ 답장을 ∨ 써요.

⑧ 놀이터에 ∨ 가요.

⑨ 짚신을 ∨ 신어요.

⑩ 악기를 ∨ 연주해요.

오른쪽 QR코드를 찍어 불러 주는 말을 잘 듣고, 받아쓰세요.

1

2

3

4

5

6

7

8

9

10

정답 및 따라 쓰기

 정답을 확인하고, 틀린 글자를 다시 써 보세요.

① 목 욕

② 형 겊

③ 깃 발

④ 옥 수 수

⑤ 밀 가 루 ∨ 빵

⑥ 편 지 를 ∨ 썼 어 요 .

⑦ 장 화 를 ∨ 신 어 요 .

⑧ 깃 발 을 ∨ 꽂 아 요 .

⑨ 문 을 ∨ 닫 아 ∨ 주 세 요 .

⑩ 노 란 ∨ 꽃 이 ∨ 피 었 어 요 .

오른쪽 QR코드를 찍어 불러 주는 말을 잘 듣고, 받아쓰세요.

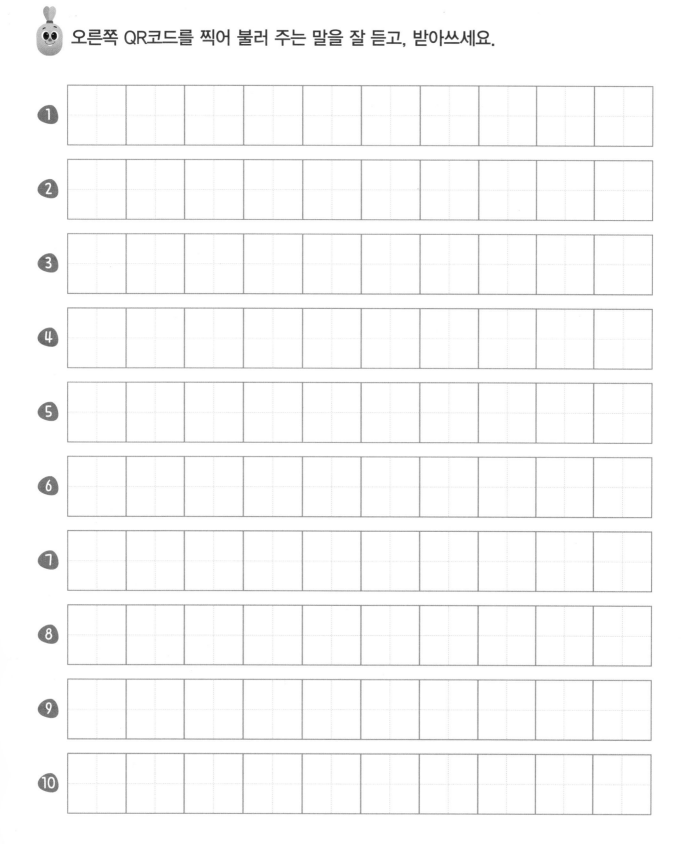

①

②

③

④

⑤

⑥

⑦

⑧

⑨

⑩

정답을 확인하고, 틀린 글자를 다시 써 보세요.

① 가족

② 인어

③ 갓길

④ 빵집

⑤ 불고기 ∨ 덮밥

⑥ 밖에 ∨ 나가요.

⑦ 잠을 ∨ 잤어요.

⑧ 택배를 ∨ 기다려요.

⑨ 범인을 ∨ 쫓아가요.

⑩ 여행을 ∨ 가고 ∨ 싶어요.

받아쓰기

QR 찍고 내용 듣기

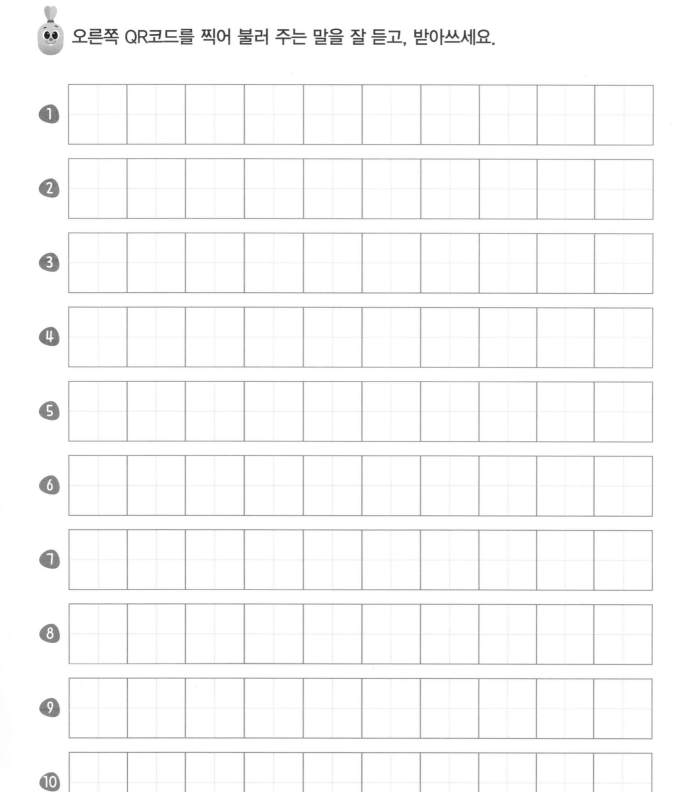

오른쪽 QR코드를 찍어 불러 주는 말을 잘 듣고, 받아쓰세요.

1

2

3

4

5

6

7

8

9

10

정답을 확인하고, 틀린 글자를 다시 써 보세요.

① 참 외

② 창 밖

③ 어 린 이

④ 떡 볶 이

⑤ 몇 ∨ 시

⑥ 새 싹 이 ∨ 돋 아 요 .

⑦ 산 책 을 ∨ 나 가 요 .

⑧ 호 박 엿 을 ∨ 사 요 .

⑨ 옆 구 리 ∨ 운 동 을 ∨ 해 요 .

⑩ 약 국 에 서 ∨ 약 을 ∨ 사 요 .

받아쓰기

오른쪽 QR코드를 찍어 불러 주는 말을 잘 듣고, 받아쓰세요.

1

2

3

4

5

6

7

8

9

10

정답을 확인하고, 틀린 글자를 다시 써 보세요.

① 주 먹

② 웃 음

③ 앞 치 마

④ 담 벼 락

⑤ 깊 은 ∨ 바 다

⑥ 얼 음 이 ∨ 녹 아 요.

⑦ 덮 개 를 ∨ 열 어 요.

⑧ 어 미 젖 을 ∨ 먹 어 요.

⑨ 과 자 ∨ 양 이 ∨ 적 어 요.

⑩ 땅 에 ∨ 상 자 를 ∨ 묻 어 요.

QR 찍고 내용 듣기

오른쪽 QR코드를 찍어 불러 주는 말을 잘 듣고, 받아쓰세요.

①

②

③

④

⑤

⑥

⑦

⑧

⑨

⑩

정답 및 따라 쓰기

 정답을 확인하고, 틀린 글자를 다시 써 보세요.

① 얼음

② 국자

③ 무릎

④ 물고기

⑤ 식탁∨덮개

⑥ 퍼즐을∨맞춰요.

⑦ 낚시를∨했어요.

⑧ 밖에∨눈이∨내려요.

⑨ 꽃을∨꺾지∨마세요.

⑩ 문을∨닫아∨주세요.

받아쓰기

QR 찍고 내용 듣기

오른쪽 QR코드를 찍어 불러 주는 말을 잘 듣고, 받아쓰세요.

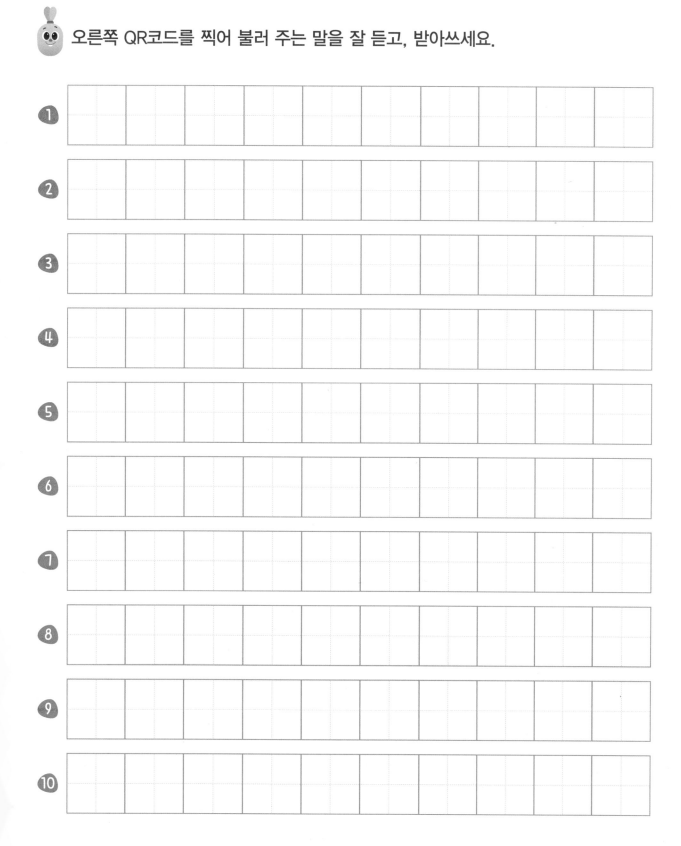

1

2

3

4

5

6

7

8

9

10

정답을 확인하고, 틀린 글자를 다시 써 보세요.

① 벚꽃

② 깍두기

③ 길잡이

④ 잎사귀

⑤ 새벽녘 ∨ 하늘

⑥ 목이 ∨ 아파요.

⑦ 사과를 ∨ 깎아요.

⑧ 손잡이를 ∨ 잡아요.

⑨ 부엌 ∨ 청소를 ∨ 해요.

⑩ 인형 ∨ 크기가 ∨ 달라요.

오른쪽 QR코드를 찍어 불러 주는 말을 잘 듣고, 받아쓰세요.

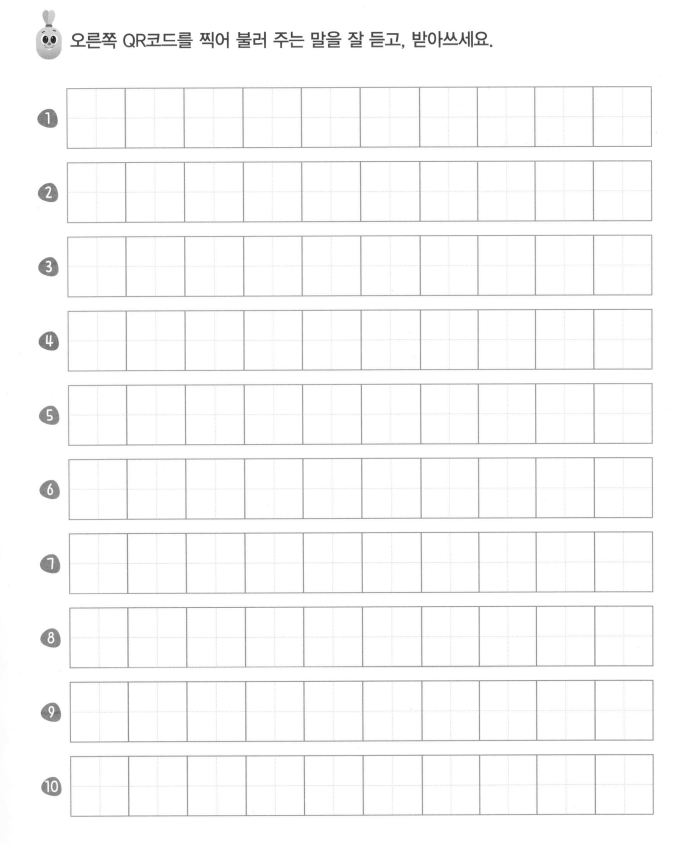

1

2

3

4

5

6

7

8

9

10

정답 및 따라 쓰기

 정답을 확인하고, 틀린 글자를 다시 써 보세요.

1. 단 팥

2. 방 바 닥

3. 돋 보 기

4. 밀 가 루

5. 깎 다

6. 밥 을 ∨ 먹 어 요 .

7. 냄 새 를 ∨ 맡 아 요 .

8. 나 무 를 ∨ 심 었 어 요 .

9. 수 수 께 끼 를 ∨ 맞 혀 요 .

10. 동 화 책 은 ∨ 재 미 있 어 요 .

받아쓰기

14회

QR 찍고 내용 듣기

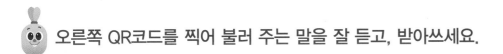

오른쪽 QR코드를 찍어 불러 주는 말을 잘 듣고, 받아쓰세요.

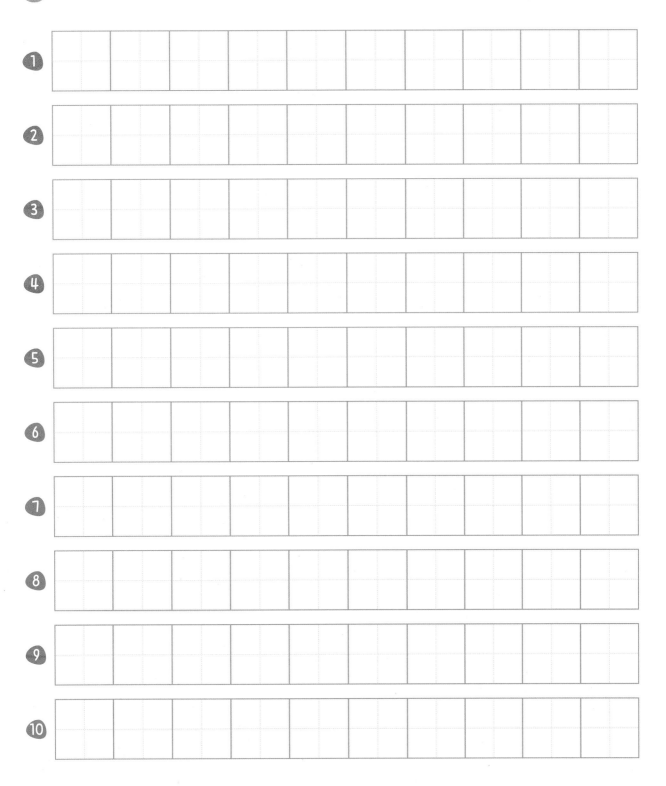

1

2

3

4

5

6

7

8

9

10

받아쓰기 15회 **27**

정답 및 따라 쓰기

 정답을 확인하고, 틀린 글자를 다시 써 보세요.

① 문어

② 그릇

③ 나들이

④ 보름달

⑤ 이 ∨ 닦기

⑥ 우비를 ∨ 입어요.

⑦ 짐을 ∨ 싣고 ∨ 가요.

⑧ 글자가 ∨ 너무 ∨ 작아요.

⑨ 얼굴이 ∨ 주먹만 ∨ 해요.

⑩ 학교에 ∨ 갔다 ∨ 왔어요.

받아쓰기

오른쪽 QR코드를 찍어 불러 주는 말을 잘 듣고, 받아쓰세요.

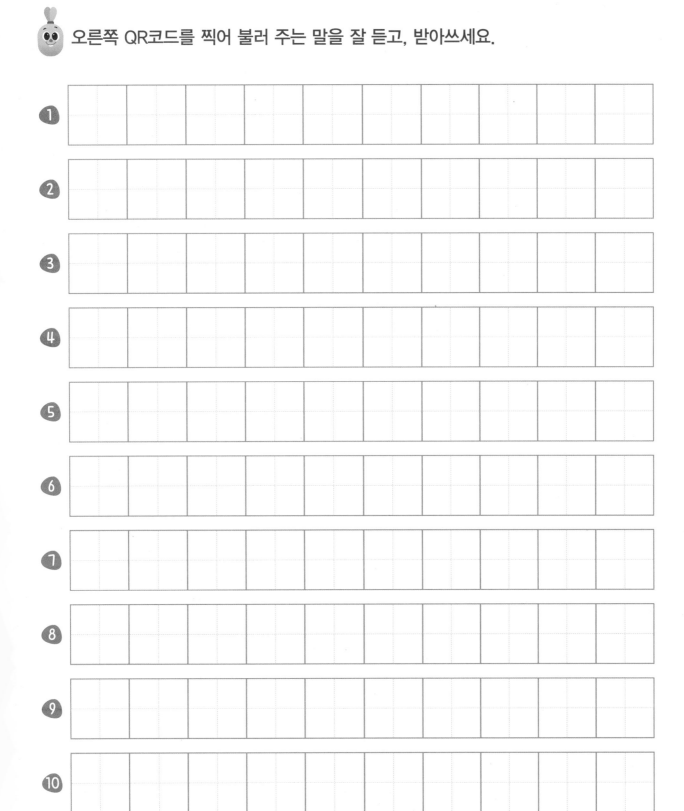

1

2

3

4

5

6

7

8

9

10

정답 및 따라 쓰기

 정답을 확인하고, 틀린 글자를 다시 써 보세요.

❶ 김밥

❷ 접시

❸ 배꼽

❹ 귀걸이

❺ 볶다

❻ 꿈을 ∨ 꿨어요.

❼ 버스를 ∨ 탔어요.

❽ 낮에 ∨ 엄청 ∨ 더워요.

❾ 집에 ∨ 소포를 ∨ 부쳐요.

❿ 식탁 ∨ 밑으로 ∨ 숨어요.

받아쓰기 왕

이름:

위 어린이는 받아쓰기 15회를 모두 마쳤고,

이를 통해 맞춤법을 잘 익혔기에

이 상장을 주어 칭찬합니다.

NE 능률

1~15회 받아쓰기 정답

1회 받아쓰기 정답

1. 낙엽 2. 저녁 3. 놀이터 4. 팥빙수 5. 맛있는 감자
6. 물이 깊어요. 7. 반창고를 붙여요. 8. 배꼽 인사를 해요.
9. 소가 밭을 갈아요. 10. 그릇에 밥을 담아요.

2회 받아쓰기 정답

1. 음악 2. 서녁 3. 곶감 4. 돛단배 5. 회색 구름
6. 강아지가 짖어요. 7. 밖에 비가 내려요.
8. 새가 높이 날아요. 9. 놀이공원에 갔어요.
10. 이를 닦고 세수해요.

3회 받아쓰기 정답

1. 숲 2. 입원 3. 돗자리 4. 꽃가루 5. 저녁 식사
6. 낮잠을 자요. 7. 밭에 물을 줘요. 8. 오리 배를 탔어요.
9. 벽에 그림을 붙여요. 10. 문어가 헤엄을 쳐요.

4회 받아쓰기 정답

1. 손등 2. 국어 3. 믿음 4. 단팥빵 5. 맛있는 참외
6. 공원에 가요. 7. 용돈을 받아요. 8. 동시집을 읽어요.
9. 돌솥밥을 먹어요. 10. 운동을 하고 싶어요.

5회 받아쓰기 정답

1. 군인 2. 거북 3. 목요일 4. 가마솥 5. 걷기 운동
6. 물감을 섞어요. 7. 모양이 같아요. 8. 악어가 아파요.
9. 발을 깨끗이 씻어요. 10. 동생이 낮잠을 자요.

6회 받아쓰기 정답

1. 먹이 2. 덮개 3. 책꽂이 4. 연예인 5. 부엌과 거실
6. 잠을 잤어요. 7. 답장을 써요. 8. 놀이터에 가요.
9. 짚신을 신어요. 10. 악기를 연주해요.

7회 받아쓰기 정답

1. 목욕 2. 헝겊 3. 깃발 4. 옥수수 5. 밀가루 빵
6. 편지를 썼어요. 7. 장화를 신어요. 8. 깃발을 꽂아요.
9. 문을 닫아 주세요. 10. 노란 꽃이 피었어요.

8회 받아쓰기 정답

1. 가족 2. 언어 3. 갓길 4. 빵집 5. 불고기 덮밥
6. 밖에 나가요. 7. 잠을 잤어요. 8. 택배를 기다려요.
9. 범인을 쫓아가요. 10. 여행을 가고 싶어요.

9회 받아쓰기 정답

1. 참외 2. 창밖 3. 어린이 4. 떡볶이 5. 몇 시
6. 새싹이 돋아요. 7. 산책을 나가요. 8. 호박엿을 사요.
9. 옆구리 운동을 해요. 10. 약국에서 약을 사요.

10회 받아쓰기 정답

1. 주먹 2. 웃음 3. 앞치마 4. 담벼락 5. 깊은 바다
6. 얼음이 녹아요. 7. 덮개를 열어요. 8. 어미젖을 먹어요.
9. 과자 양이 적어요. 10. 땅에 상자를 묻어요.

11회 받아쓰기 정답

1. 얼음 2. 국자 3. 무릎 4. 물고기 5. 식탁 덮개
6. 퍼즐을 맞춰요. 7. 낚시를 했어요. 8. 밖에 눈이 내려요.
9. 꽃을 꺾지 마세요. 10. 문을 닫아 주세요.

12회 받아쓰기 정답

1. 벚꽃 2. 깍두기 3. 길잡이 4. 잎사귀 5. 새벽녘 하늘
6. 목이 아파요. 7. 사과를 깎아요. 8. 손잡이를 잡아요.
9. 부엌 청소를 해요. 10. 인형 크기가 달라요.

13회 받아쓰기 정답

1. 단팥 2. 방바닥 3. 돋보기 4. 밀가루 5. 깎다
6. 밥을 먹어요. 7. 냄새를 맡아요. 8. 나무를 심었어요.
9. 수수께끼를 맞혀요. 10. 동화책은 재미있어요.

14회 받아쓰기 정답

1. 문어 2. 그릇 3. 나들이 4. 보름달 5. 이 닦기
6. 우비를 입어요. 7. 짐을 싣고 가요. 8. 글자가 너무 작아요.
9. 얼굴이 주먹만 해요. 10. 학교에 갔다 왔어요.

15회 받아쓰기 정답

1. 김밥 2. 접시 3. 배꼽 4. 귀걸이 5. 볶다 6. 꿈을 꿨어요.
7. 버스를 탔어요. 8. 낮에 엄청 더워요.
9. 집에 소포를 부쳐요. 10. 식탁 밑으로 숨어요.